Tecnologías

de

Virtualización

2ª Edición

Miguel Darío González Río

Tabla de contenido

VIRTUALIZACIÓN DE HARDWARE

Con el avance tecnológico y la expansión de recursos para la automatización de recursos, hubo un aumento de la competitividad entre las grandes corporaciones y la necesidad de renovarse constantemente.

Las corporaciones pasaron a buscar nuevos medios para alcanzar sus expectativas de metas y la reducción de costes como uno de los principales medios de diferencial competitivo y aumento de los beneficios.

Anteriormente, se destinaban muchos recursos a la compraventa y, principalmente, la renovación de recursos de Tecnología de Información era vista como desperdicio de capital en función del gasto en equipamientos que, en pocos años, serían recursos obsoletos, con una depreciación muy alta y generando un impacto en el activo fijo de la empresa.

La virtualización permite que en una misma máquina sean ejecutadas simultáneamente dos o más entornos diferentes y aislados. Ese concepto de virtualización se remonta a los antiguos mainframes, que debían ser divididos para varios usuarios en entornos de aplicación completamente diferentes. Esa realidad de la década de 1970 fue en gran medida superada en los años de 1980 y 1990, con el surgimiento de los ordenadores personales. Sin embargo, actualmente hay una onda creciente sobre el interés sobre las técnicas de virtualización.

Actualmente, en la concepción de gestores, la Tecnología de la Información es vista como una gran inversión y siempre se orienta como un diferencial competitivo para la empresa. Ese cambio de visión no significa que exista una preocupación por los recursos.

Uno de los principales métodos de reducción de costes, agregado a la preservación del medio ambiente está directamente relacionado al término "TI Verde", el cual se enfatizó debido a la intención de las corporaciones en demostrar al mundo capitalista la preocupación con el futuro del planeta. Según Mingay, no hay una definición precisa, pero se puede caracterizar como el "uso optimizado de la información y tecnología de comunicación para gestionar la sustentabilidad ambiental de las operaciones de la empresa y la cadena de suministros, así como sus productos, servicios y recursos durante todo su ciclo de vida". Uno de los puntos a favor de la virtualización es la considerable reducción de componentes electrónicos, que causan enorme impacto al medio ambiente, a través de la disminución de equipamientos de hardware.

En la actualidad hay una "nueva onda" en la industria de TI. Esa "onda" es conocida como virtualización. La virtualización de datacenters puede suceder en varios niveles, sin embargo la "nueva onda" fue generada, principalmente, por los sistemas operativos invitados o virtualización de servidores.

Este capítulo tiene por objetivo presentar un acercamiento preliminar sobre las principales características de la virtualización de sistemas computacionales y sus ventajas, principalmente orientado hacia los servidores, ya que, según los datos de la Computer Economics (2009), está presente en más del 95% de los datacenters en todo el planeta. Este estudio preliminar nos llevará a la producción de un nuevo estudio, práctico, referente a la viabilidad y resultados de la aplicación de los servidores virtualizados en una empresa de gran tamaño.

El enfoque sobre el tema de la virtualización se debe a la importancia de su utilización a lo largo de los últimos años y por su proyección de crecimiento. El software más destacado del mercado es el VMware, esto se debe, no sólo por ser pionera en el mercado, sino que, principalmente, por la administración optimizada en relación a otros fabricantes y proveedores de soluciones para la virtualización. Además de eso, VMware ofrece una línea de sistemas hypervisoress en su web que pueden ser probados gratuitamente con las mismas funcionalidades de un producto de pago.

A pesar de agregar muchos beneficios, los procesos de virtualización exigen cautela por parte de los gestores. Un proyecto poco dimensionado puede causar algunos problemas, además de perjuicios financieros. Según destaca Gibbs, a lo largo de los últimos dos años han ido surgiendo y documentando esos problemas, el principal de ellos es la transparencia y la compatibilidad de las aplicaciones en entornos virtuales, sin embargo, si hubiera una inversión por parte de las organizaciones en el desarrollo de especialistas en virtualización, en su propio equipo de Tecnología de la Información, con formaciones específicas en la tecnología que será implementada y con una planificación cautelosa en todos los pasos de la implementación, habría la posibilidad de que el proyecto alcance éxito pleno a lo largo de la primera implementación de un entorno virtual.

CONCEPTOS

De acuerdo con VMware, "virtualización es una tecnología de software que permite ejecutar varias máquinas virtuales en una única máquina física, compartiendo los recursos de ese ordenador único entre varios entornos".

Máquinas virtuales diferentes consiguen ejecutar sistemas operativos diferentes e incontables aplicaciones en el mismo ordenador físico. Así como un servidor físico, la máquina virtual tiene placa-madre, procesador, memoria, disco e interface de red. Sin embargo esos recursos están disponibles y limitados por el servidor físico que los gestiona.

La virtualización es una tecnología que divide un ordenador en diversas máquinas independientes que pueden soportar diferentes sistemas operativos y aplicaciones siendo ejecutados concurrentemente (RUEST, 2009, p.30).

El objetivo de utilización de la virtualización normalmente es uno de los siguientes: mejores niveles de performance, escalabilidad, disponibilidad, confiabilidad, agilidad o crear un dominio de gestión y seguridad unificado (KUSNETZKY, 2009).

La virtualización se refiere a la tecnologías que provee de una visión lógica de los recursos de informática, haciendo posible la ejecución de diferentes sistemas operativos como si fuera un único servidor, en una única máquina, simultáneamente (WATERS, 2009).

En su esencia, la virtualización trata de extender o sustituir una interface existente a modo de imitar el comportamiento de otro sistema. (TANNENBAUM, 2007).

Según Tannenbaum (2007), hay diversos modos de aplicar la virtualización. Esas diferencias son entendidas a partir de los diferentes tipos de interface en 4 niveles diferentes.

- Interface Hardware/Software, donde cualquier programa hace llamadas en instrucciones de máquina.
- Interface Hardware/Software, donde sólo los programas privilegiados pueden hacer llamadas en instrucciones de máquina.
- Interface que consiste en llamadas de sistemas, como un sistema operativo.
- Interface de llamadas de biblioteca que, generalmente, forman las API´s (Interface de Programación de Aplicaciones).

McCabe (2009) nos cuenta que "los hypervisores son como el "ingrediente secreto" que hace posible la virtualización". Ese software, también conocido como gestor de virtualización, se sitúa entre el hardware y el sistema operativo y desacopla las aplicaciones de esos dos. El hypervisor señala la cantidad de accesos que los sistemas operativos y aplicaciones tendrán al procesador y recursos de hardware, como memoria y lectura y escritura en discos.

TIPOS Y CAPAS DE VIRTUALIZACIÓN

Según la Universidad de Massachussets Amherst, la virtualización está subdividida en los siguientes tipos: Emulación, Virtualización Nativa/Servidor, Para-virtualización, Virtualización en nivel de sistema operativo y en nivel de aplicación.

Según Kusnetzky (2007), la virtualización puede ser dividida en las siguientes capas de virtualización: Acceso (Access virtualization), Aplicación (Application virtualization), Procesamiento (Processing Virtualization), Almacenamiento (Storage virtualization) y Red (Network Virtualization).

EMULACIÓN

Conforme define la Koninklijke Bibliotheek (Biblioteca Nacional Holandesa), cada ordenador consiste de hardware y software. Integrando esos dos componentes, un ordenador puede ofrecer una gama enorme de posibilidades, como la creación de documentos, navegación por internet y entretenimiento mediante juegos, de entre otros. La extrema dependencia entre hardware y software también representa un riesgo. Si uno falla, el impacto se genera directamente en las operaciones del ordenador y sus capacidades. Como equipamiento el hardware eventualmente presenta problemas, la accesibilidad a los objetos digitales queda comprometida. La emulación resuelve exactamente esos problemas.

La emulación se define como la imitación de una

plataforma de ordenador correcta o de un programa en otra plataforma o programa. De esa manera, es posible la visualización de documentos o ejecución de programas en un ordenador que no estuviera proyectado para hacer esa operación (KONINKLIJKE BIBLIOTHEEK, 2009).

El emulador es un programa que crea para sí mismo una capa extra entre una plataforma de ordenador, definida por la plataforma del host y la plataforma donde va a ser reproducida, y definida por la plataforma objetivo (KONINKLIJKE BIBLIOTHEEK, 2009).

La Universidad de Massachussets Amherst describe que así como transcurre en una máquina física, la máquina virtual (guest) emulada, es decir, simula el hardware de la máquina física (host) por completo y un sistema operativo inmutable de otro ordenador puede ser ejecutado. Los ejemplos de emulación son el Bochs y QEMU, desarrollados por comunidades de usuarios de Linux, y el Virtual PC para Mac.

VIRTUALIZACIÓN NATIVA/SERVIDOR

Normalmente, cuando se habla de virtualización, se refiere a la virtualización nativa o, el término más común, virtualización de servidor, que significa particionar un servidor físico en diversos servidores virtuales o máquinas. Cada uno interactúa con independencia de los otros equipamientos, aplicaciones, datos y usuarios como si fuera un recurso aislado (McCABE, 2009).

La virtualización de servidor permite que la máquina

virtual simule el hardware necesario para que un sistema operativo no modificado pueda ser ejecutado aisladamente, compartiendo la misma CPU de la máquina física. Los ejemplos de virtualización nativa/servidor están presentes en las aplicaciones VMware Workstation, IBM VM y Parallels.

PARA-VIRTUALIZACIÓN

Al contrario de la virtualización nativa, en la para-virtualización, el hardware de la máquina física no es simulado en el sistema operativo de la máquina virtual. Se pasa al uso de una interface de programación incorporada que la aplicación puede utilizar para tomar los requisitos del sistema operativo modificado de la máquina virtual. VMware ESX Server y Citrix Xen utilizan esa tecnología.

VIRTUALIZACIÓN A NIVEL DE SISTEMA OPERATIVO

La virtualización a nivel de sistema operativo permite mucha seguridad para la ejecución de servidores virtuales y servidores físicos, compartiendo el mismo sistema operativo, sin embargo de forma aislada, sin que uno interfiera en la ejecución en las aplicaciones del otro.

La virtualización a nivel de sistema operativo es la base de tecnología de los sistemas de virtualización Solaris Containers, BSD Jails y Linux Vserver.

VIRTUALIZACIÓN DE ACCESO

La virtualización de acceso incluye tecnologías de hardware y software que permiten a cualquier equipamiento acceder a cualquier aplicación aún sin tener mucho conocimiento sobre el otro. La aplicación "visualiza" el equipamiento con el cual está habituado a trabajar. El equipamiento "ve" la aplicación y ya sabe lo que debe mostrar. En algunos casos, los equipamientos de uso específico utilizados en cada uno de los lados de la conexión de red, para mejorar la performance, permiten a los usuarios, compartir un único sistema cliente o un único usuario para acceder a diversos sistemas. Las funciones como servicios de terminal (Microsoft Terminal Services, por ejemplo) y gestores de presentaciones se encuadran en esa capa.

VIRTUALIZACIÓN DE APLICACIÓN

Según Kusnetzky, la virtualización de aplicación comprende la tecnología de software, permitiendo la ejecución de aplicaciones en diferentes sistemas operativos y distintas plataformas de hardware. Eso significa que las aplicaciones pueden ser desarrolladas y escritas para adoptar el uso de frameworks. Pero, las aplicaciones que no usufructúan esos frameworks no recibirán los beneficios de virtualización de la aplicación. Esa capa de virtualización permite:

- Reinicializar la aplicación en caso de fallo;

- Iniciar una nueva instancia de la aplicación que no alcanza los objetivos en el nivel de servicio;
- Responder a interrupciones planeadas o no planeadas;
- Permitir el balanceo de carga de múltiples aplicaciones para alcanzar niveles altos de escalabilidad.

Microsoft explica que la Virtualización de Aplicación proporciona la capacidad de disponibilidad de aplicaciones a ordenadores de usuarios finales sin la necesidad de instalar las aplicaciones directamente en esos ordenadores. Eso es posible gracias a un proceso conocido como secuenciamiento de aplicación, que permite que cada aplicación ejecute su propio entorno virtual de forma independiente del ordenador cliente. Las aplicaciones secuenciadas son aisladas unas de las otras, eliminando conflictos entre aplicaciones, pero aun así ellos son capaces de interactuar con el ordenador cliente.

VIRTUALIZACIÓN DE PROCESAMIENTO

La capa de procesamiento agrega tecnologías de hardware y software que ocultan configuraciones físicas de hardware de servicios de sistema, sistemas operativos y aplicaciones.

La tecnología comprende la habilidad de presentar un sistema físico a diversos recursos o viceversa. La virtualización de procesamiento es utilizada, principalmente, en la consolidación de múltiples entornos en un único sistema con alta disponibilidad.

VIRTUALIZACIÓN DE ALMACENAMIENTO (STORAGE)

Así como la virtualización de procesamiento, la virtualización de storage comprende las tecnologías de software y hardware que ocultan quién son los sistemas de almacenamiento (storage) y que tipo de equipamiento soporta aplicaciones y datos.

La tecnología ofrece diversos beneficios. Entre esos, permite que diferentes sistemas físicos compartan un mismo recurso de almacenamiento, de forma transparente, de unos hacia los otros, copias de backup de aplicaciones transaccionales en entorno en producción y, principalmente, la reducción de costes con compraventas de nuevos equipamientos de storage para almacenamiento y replicación de datos entre datacenters.

El recurso de virtualización de storages es esencial en el desarrollo de estrategias de Disaster Recovery y simplifica el acceso a entornos diferentes sin necesidad de reconfigurar toda la red de storage .

VIRTUALIZACIÓN DE RED

La virtualización de red agrega tecnologías de software y hardware que presentan una visión de la red que se difiere de la visión física. De esa forma, un ordenador puede "ver" solamente los sistemas que tienen permiso de acceso. Otra forma de utilización es consolidar múltiples conexiones de redes en una única.

La tecnología permite que diversas cargas de red fluyan por el mismo medio de forma segura. Los clientes solamente acceden a los servidores donde tienen el acceso permitido y los servidores solamente visualizan a los clientes a los que deben prestar soporte. Ese recurso se hace esencial en estrategias de recuperación de entornos sin necesidad de realizar una reconfiguración completa de la red por parte de los administradores.

DEFINICIÓN DE MÁQUINAS VIRTUALES

Conforme a la definición de VMware, una máquina virtual es un container de software totalmente aislado y capaz de ejecutar sistemas operativos y aplicaciones propios como si fuera un ordenador físico. Una máquina virtual se comporta exactamente como un ordenador físico y tiene CPU (Unidad Céntrica de Procesamiento), memoria RAM (Memoria de Acceso Aleatorio), disco rígido y NIC (Network Interface Card, placa de interface de red) virtuales propios.

La diferencia entre una máquina virtual y una máquina física no se puede apreciar por un sistema operativo, mucho menos por aplicaciones u otros ordenadores en la red. Incluso la máquina virtual cree que ella es un ordenador "real". Aun así, la máquina virtual está enteramente compuesta de software y no contiene componentes de hardware.

HISTORIA DE LA VIRTUALIZACIÓN

Según Marshall, la historia de la virtualización se inició mucho antes de lo que se imagina. De hecho, la idea de virtualización fue discutida por primera vez a finales de la década de 50, sin embargo fue en el inicio de los años 60 cuando pasó a ser concretada por IBM. La empresa desarrollaba equipamientos de alto coste y sus recursos estaban subutilizando su capacidad.

En 1964, IBM presentó los servidores IBM System/360, con arquitectura desarrollada por Gen Amdahl, que presentaban recursos limitados de virtualización, sin embargo fue con el lanzamiento del IBM CP-40 cuando la virtualización pasó a ganar fuerza y a demostrar las posibilidades de utilización de máquinas y memorias virtuales.

Marshall relata que fue en 1965 cuando la virtualización se hizo efectiva, con el desarrollo y lanzamiento del IBM System/360 modelo 67 y con el TSS (Equipo Sharing System, que provee el reparto de recursos, aplicaciones y tareas de servidores con diversos usuarios conectados simultáneamente). Con las nuevas versiones del IBM CP-40 y CMS, se podía colocar en producción un sistema soportando 14 máquinas virtuales con 256 K de memoria virtual.

IBM, para cada nueva versión, inventaba nuevas funcionalidades. En 1972, lanzó el 'System/370 Advanced

Function' agregando soporte a cuatro nuevos sistemas operativos: VM/370, DE Los/VS, Los/VS1 y Los/VS2. El release 2 del VM/370 creaba la primera interacción con microcode VMA (Virtual Machine Assist). La popularidad de la tecnología VM en la comunidad IBM originó la creación de la MVMUA (Metropolitan VM User Association), asociación fundada en Nueva York, destinada a los usuarios de la tecnología VM.

En 1974, Gerald J. Popek y Robert P. Goldberg elaboraron una serie de requisitos formales para arquitecturas, llamados "Requisitos Formales para Arquitecturas Virtualizables de Tercera Generación". Según Reynoids (2006, p. 8), ese hecho llevó a la virtualización a un periodo de estancación entre 1974 y 1987. El principal factor fue la evolución de internet que abrió espacio al desarrollo y al soporte del protocolo TCP/IP. Solamente en 1987, cuando el VM TCP/IP (también conocido como FAL) fue desarrollado, el protocolo TCP/IP pasó a estar disponible para máquinas virtuales.

En 1988 se fundó una pequeña empresa llamada Connectix Corporation. La empresa prestaba servicios sobre soluciones para Apple Machintosh Systems y se hizo muy bien conceptuada, por el hecho de conseguir solucionar problemas que Apple no podía o no quería resolver. De entre diversos ejemplos, Connectix solucionó incontables problemas de compatibilidad de Macs con los procesadores Motorola usados en sus primeras versiones.

En 1998, Diane Greene, y su cónyuge, el doctor Mendel Rosenblum, junto con un compañero de Berkley y dos estudiantes de la Universidad de Stanford, en Estados Unidos, fundaron VMware. Juntos, los fundadores de

VMware, en octubre de 1998, pleitearon la patente de nuevas técnicas de virtualización basadas en las investigaciones llevadas a cabo en la Universidad de Stanford. La patente fue reconocida y garantizada en mayo de 2002.

En 1999, VMware presentó al mercado la "Plataforma Virtual VMware". Según Marshall (2006, p. 10), el producto fue considerado, por muchos especialistas, como la primera plataforma comercial de virtualización en arquitectura x86. Poco más tarde, el producto pasó a ser llamado de VMware Workstation.

A finales del año 2000, VMware lanza el VMware GSX Server 1.0, su primera plataforma de virtualización de servidores. El producto fue desarrollado para trabajar como "aplicación" y se podía ejecutar tanto en sistemas operativos Windows como en Linux. El año siguiente, VMware elevó la virtualización en un nivel más con el lanzamiento del sistema operativo VMware ESX Server 1.0, una plataforma de virtualización de servidores de la clase de mainframes. Diferente del VMware GSX Server, el VMware ESX Server no depende de otro sistema operativo y puede ser instalado directamente en el hardware. Además de eso, el VMware ESX Server garantizaba un entorno más estable y con alta performance debido a su hypervisor nativo. Desde 2002 hasta la actualidad, VMware continúa lanzando actualizaciones y nuevas versiones tanto del VMware GSX Server como del VMware ESX Server.

Aun siendo la empresa responsable de desarrollar paquetes para los sistemas operativos del Connectix Virtual PC para Mac, de Apple, Connectix construye una estrecha relación con Microsoft. En 2003, Connectix fue la responsable de desarrollar la tecnología de emulación Pocket Pack incorporada en la aplicación Visual Studio .Net, de Microsoft. En enero de 2004, VMware fue adquirida por EMC, multinacional líder de mercado en el ramo de equipamientos de almacenamiento. Según Marshall, el hecho surgió como una sorpresa, sin embargo, la razón no explícita para eso es la misma la cual EMC consolidó la adquisición de las empresas Documentum y de Legato años antes: adquirir aplicaciones que consumían enorme espacio en storage. VMware continúa como una independiente subsidiaria de la EMC.

Según Marshall, actualmente, Intel y AMD desarrollan nuevas tecnologías para garantizar y mejorar el soporte de la virtualización. Esas tecnologías incluyen procesadores multicore, del proyecto "Tecnología de la Virtualización Intel" (originalmente conocido como "Vanderpool" y "Silvervale"), de Intel, y del proyecto "Pacifica", de AMD.

SISTEMAS OPERATIVOS Y SOFTWARES DE VIRTUALIZACIÓN

SISTEMAS HYPERVISOR

Ruest define que los hypervisores son capas de software que pueden ser ejecutados directamente en el hardware, eliminando la elevación de otro sistema operativo.

El hypervisor, o Monitor de Máquina Virtual (VMM), es una

capa de software entre el hardware y el sistema operativo. El VMM es el responsable de suministrar al sistema operativo visitante la abstracción de la máquina virtual. El hypervisor es el que controla el acceso de los sistemas operativos visitantes a los dispositivos de hardware. Es interesante resaltar que el VMM no se ejecuta en modo usuario, ya es este el que debe ejecutar, o simular la ejecución, de las instrucciones privilegiadas requeridas por el sistema operativo visitante (MATTOS, 2008).

Waters (2009) define el hypervisor como el componente de virtualización más básico. Es el software que desacopla sistemas operativos y aplicaciones de sus recursos físicos. Un hypervisor tiene kernel propio y se sitúa entre el hardware y el sistema operativo.

Según define la IBM, los hypervisores permiten que diferentes sistemas operativos (o instancias de uno único) sean ejecutados en el mismo hardware a la vez. La performance de esos hypervisores no está directamente relacionada a los sistemas operativos ejecutados en las máquinas virtuales. La utilización de hypervisores garantiza una mejor performance debido esos que estos acceden y usufructúan todos los recursos de hardware en tiempo y velocidad real. Los recursos son abstraídos por una serie de interfaces directamente hacia el Hypervisor. Esas interfaces son llamadas "Llamadas de Hypervisor" o "Hypervisor Calls".

Hypervisor Tipo I

Según Delap se definen como hypervisores tipo I de sistemas nativos o "bare-metal", aquellos que son instalados directamente en el hardware (como VMware ESX Server, Citrix XenServer) y sistemas operativos invitados (guests) a aquellos que son ejecutados sobre estos (hosts).

Delap concluye que los hypervisores de tipo I están directamente relacionados al concepto de paravirtualización, técnica de presentación de una interface de software similar al hardware oculto, sin embargo no idéntica. Los sistemas operativos deben ser portados para su ejecución en el top del hypervisor paravirtualizado. Ya que los sistemas operativos modificados utilizan "hypercalls", que son utilizadas para la interacción directa con el hardware.

Hypervisor Tipo II

Según Delap, se llaman hypervisores de tipo II a todos aquellos que, para ser ejecutados, dependen de un sistema operativo existente. De esa forma, los sistemas operativos virtuales se ejecutan en un tercer nivel por encima del hardware con recursos agregados y disponibles para el hypervisor.

Definiendo el Hypervisor

Según Ruest, al ejecutar cualquiera de los sistemas Hypervisores suministrados por los tres líderes de mercado en la tecnología de virtualización (VMware, Microsoft y Citrix) es posible virtualizar cualquier entorno, sea de prueba, de formación, de desarrollo o, incluso, de producción. Ruest resalta como ventaja de la utilización de los productos de esos proveedores, el hecho de que todos ofrezcan versiones gratuitas de los sistemas, permitiendo que el interesado pueda iniciar un proyecto de virtualización sin generar costes.

A pesar de indicar los productos de virtualización de las empresas líderes de mercado, Ruest relata que existen diversos proveedores, como Oracle (Oracle VM), Novell (Xen), Red Hat (Xen), IBM, Sun (xVM), que ofrecen sus propios hypervisores. Sin embargo Ruest nos avisa de que se debe tener cuidado al definir qué hypervisor se va a utilizar, observando siempre la soportabilidad e interoperabilidad con otros sistemas de otros fabricantes.

Algunos proveedores no soportarán sus aplicaciones si esas se están ejecutando en un hypervisor concurrente. Por ejemplo, Oracle solamente soportará sus aplicaciones si esas están siendo ejecutadas en su hypervisor propietario, el Oracle VM.

Ruest resalta la ventaja de obtener hypervisores con amplia interoperabilidad. Destaca que Microsoft es la empresa que presenta la mejor política de soporte, demostrando "mejor esfuerzo" al garantizar sus aplicaciones y sistemas operativos aunque no estén siendo ejecutados en su hypervisor propietario.

Principales proveedores de recursos de virtualización en el mercado

El mercado dispone de incontables recursos para la implementación de tecnologías de virtualización. Ruest relata los mejores productos de los tres mayores proveedores mundiales en la actualidad de esos recursos.

Citrix

La Citrix ofrece tecnologías de virtualización diferenciadas, destacándose en el software para empresas en las versiones de Xen Server, con diversas funcionalidades avanzadas ofrecidas por otros desarrolladores de hypervisores que, según Citrix, están disponibles en la versión gratuita que ofrece.

Citrix ofrece las siguientes versiones de hypervisores Xen Server:

- Standard Edition - versión básica y gratuita del producto que soporta dos sistemas operativos virtuales a la vez.
- Enterprise Edition - permite agregar recursos de hardware y la ejecución ilimitada de sistemas operativos virtuales.
- Platinum Edition - versión bare-metal que agrega aprovisionamiento de recursos de hosts y máquinas virtuales.

Microsoft

Microsoft ofrece, en la clase de virtualización en software los hypervisores de tipo II, como son el Microsoft Virtual PC 2007 y el Microsoft Virtual Server 2005. Ambos hypervisores tienen funcionalidades que pueden ser utilizadas gratuitamente.

En la clase hypervisor tipo II, Microsoft tiene como su principal producto de mercado en virtualización el Microsoft Hyper-V, parte integrante del sistema operativo Windows 2008, sin embargo limitado solamente a aquellas instalaciones con hardware de arquitectura x64.

VMware

VMware ofrece productos más sofisticados, con una línea completa de recursos en tecnología de virtualización para servidores en las arquitecturas x86 y x64.

La empresa fue la pionera en el desarrollo de la tecnología en hardware de la plataforma x86 y la primera en ofrecer un hypervisor para presentar el sistema operativo VMware ESXi. Hoy lidera el mercado de hypervisor con su principal producto, VMware ESX Server.

TECNOLOGÍA DE VIRTUALIZACIÓN VMWARE

RECURSOS VMWARE PARA CONVERSIÓN FÍSICO-VIRTUAL DE SERVIDORES

Para la virtualización y consolidación de servidores, VMware dispone en su web para la descarga y utilización gratuita de la herramienta VMware Converter, que puede ser utilizada con integración a partir de otra herramienta VMware (VMware Infrastructure) o instalada como aplicación directamente en el servidor que va a ser migrado desde físico hacia virtual.

El VMware® vCenter Converter es una herramienta de migración corporativa altamente sólida y dimensionable que automatiza el proceso de creación de máquinas virtuales VMware a partir de máquinas físicas, otros formatos de máquinas virtuales y formatos de imágenes de terceros.

Por medio de una interface intuitiva, basada en asistentes y una consola de gestión centralizada, el VMware vCenter Converter puede Convertir con rapidez y confiabilidad varias máquinas físicas locales y remotas sin ninguna interrupción o inactividad.

COMPARACIÓN ENTRE LAS VERSIONES DE HYPERVISORES VMWARE

Según define VMware, sus hypervisores VMware ESX y ESXi son instalados directamente en el hardware del servidor y proveen performance y escalabilidad a las máquinas virtuales alojadas para su gestión. La diferencia reside en la arquitectura y en la gestión del VMware ESXi. A pesar de que ambos hypervisores dependan de un sistema operativo para la gestión de recursos, el VMware ESX depende de un sistema operativo Linux, llamado Service Console, para realizar dos funciones de gestión: ejecutar scripts e instalar agentes de terceros para la monitorización del hardware, backup y sistema. VMware comenta que la Service Console fue eliminada del VMware ESXi para reducir el "área de ataque" y aumentar la confiabilidad y seguridad del sistema, sustituyéndola por un acceso vía interface de línea de comandos remotamente.

VMware limita el acceso remoto en el VMware ESXi, liberando sólo el permiso de lectura en la versión gratuita. Además del acceso remoto, todas las funcionalidades avanzadas, tales como el backup de imagen de las máquinas virtuales, el download de actualizaciones y la alta disponibilidad, están disponibles sólo con la contratación de soporte junto a la empresa.

INFRAESTRUCTURA DE HARDWARE Y SOFTWARE

VMware dispone de varios recursos para la virtualización

de un datacenter que deben ser evaluados y aplicados conforme a la dimensión de la estructura del datacenter y de los recursos físicos disponibles en la implementación del proyecto. Sin embargo algunos de esos recursos son básicos y esenciales a todo y cualquier proyecto para garantizar el éxito de una migración hacia un entorno virtual. Son esos los recursos, conforme define la VMware:

Hypervisores bare-metal (VMware ESX Server, por ejemplo) para posibilitar la virtualización completa de cada ordenador x86;

Servicios de infraestructura virtual, como la gestión de recursos (acceso vía red a través de herramientas como VMware Infrastructure VirtualCenter o Putty, por ejemplo) y backup consolidado (backup de imagen de la máquina virtual vía red LAN o SAN parala recuperación en caso de desastre) para optimizar los recursos disponibles entre las máquinas virtuales;

Soluciones de automatización que ofrecen recursos especiales para optimizar un proceso de TI específico, como el aprovisionamiento o recuperación de desastres (es decir, estructura diferenciada para la alta disponibilidad efectiva y la posibilidad de restauración del entorno, en caso necesario).

Actualmente existen en el mercado diversas herramientas de backup que ofrecen recursos para la integración de la aplicación con hypervisores VMware. Esas herramientas interactúan de formas distintas, sin embargo todas utilizan el recurso VMware Consolidated Backup (VCB), donde las máquinas virtuales pueden ser copiadas sin la desconexión de aplicaciones y usuarios, proveyendo el backup centralizado con aplicaciones de terceros para la protección del sistema y los datos con reducción de la carga en las máquinas virtuales.

CONCLUSIÓN

El presente capítulo ha demostrado la viabilidad sobre la aplicación de soluciones virtualizadas para servidores, haciendo con que un único recurso computacional pueda ser utilizado por diversas máquinas virtuales, reduciendo el consumo de recursos, como la electricidad, y maximizando el aprovechamiento de las funciones de cada hardware del conjunto. A partir de esta exposición preliminar, se demostró las principales ventajas y formas de aplicación de recursos de VMware para virtualización.

ANÁLISIS DE LA VIRTUALIZACIÓN SOSTENIBLE

Los últimos años, se han extendido las prácticas de responsabilidad social con el medio ambiente como parte de una estrategia para que las empresas reduzcan gastos en energía, espacio, entre otros. Sin embargo esta no es la única ganancia con la sostenibilidad. Cada día que se pasa es más necesario que las empresas entiendan que forman parte del mundo, y no pueden ser sólo consumidoras de este. Por lo tanto este capítulo, además de ser un intento de concienciar al lector de la necesidad de ser sostenible, aborda un proyecto de virtualización implementado en Microsoft, en el cual el espacio para los servidores en el data center de la empresa prácticamente era inexistente, además del alto coste de mantenimiento de los antiguos servidores, y, después de la adhesión al proyecto implementado por Microsoft, se consiguió revertir estos problemas con la utilización de prácticas sostenibles.

SOSTENIBILIDAD

El desarrollo sostenible puede ser entendido como un proceso que tiene dos lados. En el primer lado, están las restricciones que son más relevantes relacionadas con la explotación de recursos y la orientación de desarrollo tecnológico. En el otro, deben ser enfatizados los aspectos cualitativos relacionados al uso de recursos, equidad y generación de residuos que contaminan el medio ambiente.

El ser humano es un observador externo y separado de la naturaleza que sirve, solamente, para servir al crecimiento económico como promover diversos avances y beneficios en la ciencia, tecnología e industria. Por otro lado, la economía fue creada con la lógica de extraer, producir, vender, consumir y descartar creyendo que los recursos naturales son infinitos y que, si faltara en algún lugar, sobrará en otro. El problema es que el ser humano no tiene en cuenta la capacidad de soporte de la tierra y de que todo lo que es producido y consumido por nosotros depende de la naturaleza.

La búsqueda de soluciones sostenibles en tecnología de la información es cada vez mayor y se basa en los siguientes cuatro aspectos:

- Economía de recursos
- Rastreabilidad
- Responsabilidad socioambiental
- Concienciación.

LA SOSTENIBILIDAD Y LA TI VERDE

La tecnología de la información afecta a nuestro ambiente de varias maneras diferentes. Cada fase de la vida de un ordenador, desde su producción, a lo largo de su utilización, y en su disposición, presenta problemas ambientales.

El ordenador consume energía eléctrica, su fabricación

utiliza componentes electrónicos, materias-primas, productos químicos y agua, y genera, residuos peligrosos. Todos estos, directa o indirectamente, aumentan las emisiones de dióxido de carbono y el impacto en el medio ambiente. El consumo total de energía eléctrica de los servidores, ordenadores, monitores, equipamientos de comunicación de datos y sistemas de refrigeración de los data centers está aumentando. Esto da como resultado un aumento de consumo de energía y de las emisiones de gases de efecto invernadero. Cada ordenador en uso genera cerca de una tonelada de dióxido de carbono cada año.

CONCEPTO DE TI VERDE

De acuerdo con Lamb, la TI verde es el estudio y la práctica de usar recursos computacionales eficientemente. Habitualmente, los sistemas tecnológicos y productos de computación incorporan principios de la computación "verde", que son la viabilidad económica, responsabilidad social y el impacto ambiental.

Este enfoque difiere de las prácticas tradicionales de negocio que se enfocan principalmente en la viabilidad económica o en los beneficios económicos obtenidos con el uso de la computación. Estos nuevos enfoques son similares a los enfoques sostenibles: reducción del uso de materiales peligrosos, como el plomo en la fase de fabricación, maximización de la eficiencia energética durante la utilización del producto y, finalmente, el reciclaje o biodegradabilidad tanto de un producto extinto cuánto cualquier pérdida de los residuos de fabricación.

En mayo de 2007, IBM presentó el Proyecto Big Green, que es una inversión de 1 Billón de dólares cada año para aumentar la eficiencia energética de los productos y servicios de IBM. El objetivo es reducir el consumo de energía utilizado por los data centers y transformar la infraestructura tecnológica del cliente en data centers "verdes", con un ahorro económico de media de hasta un 40% por data center.

La TI Verde y los data centers ecológicamente correctos comprenden un amplio aspecto, con torres de refrigeración y ventiladores de velocidad variable, para el uso de sistemas de energía eficientes de TI, como servidores virtuales, servidores blade y almacenamiento virtual de datos.

La competencia promovida por estas cuestiones globales inspiró la creación de productos y servicios de tecnología, con un bajo consumo de energía, en todo el mundo, como por ejemplo, Sun, Dell, HP, Fujitsu-Siemens, APC, Liebert, entre otros. Esa competencia, junto con la reglamentación y normas para medición de eficiencia energética, nos llevará rápidamente hacia la eficiencia energética a través en todo el mundo.

La TI Verde es una manera ideal para que las empresas den un paso significativo en dirección a la preservación del medio ambiente.

VIRTUALIZACIÓN

Una de las formas más eficientes de reducir costes en energía, adquisición de nuevos equipamientos, reducir el espacio utilizado por la TI y la emisión de gases nocivos es con la virtualización de servidores y almacenamiento de datos.

Según Lamb, la virtualización es el concepto de tratar sistemas abstractos. La virtualización reduce tanto el uso de energía en cuanto al número de servidores físicos. Esta permite consolidar hasta 10 servidores con aplicaciones completamente diferentes en un único servidor físico, de modo que cada servidor virtual tendrá su propio nombre, dirección de IP, entre otras características. Los servidores virtuales seguirán siendo vistos por los usuarios como si fueran servidores físicos separados, pero a través de la virtualización es posible reducir drásticamente el espacio en los centro de procesamiento de datos (CPD o data center).

Originalmente, la mayoría de los ordenadores viene con sólo un sistema operativo en el cual ejecutamos diversas aplicaciones.

A través de la virtualización, los ordenadores usan la tecnología de memoria virtual para ejecutar varios sistemas operativos o aplicaciones a la vez.

Actualmente, existen algunas técnicas utilizadas en los servidores virtuales. En muchos casos estas son la solución para convertir un equipamiento ineficiente y poco utilizado en un equipamiento bien utilizado.

Cuánto al particionamiento, Lamb (2009, p.92) lo define

como: "La capacidad que un sistema computacional tiene para conectar su reserva de recursos (CPU, memoria, I/O) para formar una única instancia de un ordenador de trabajo o partición lógica (LPAR). (...) La energía suministrada para el sistema del ordenador físico existente es usada ahora para todos estos sistemas lógicos, pero esos sistemas lógicos operan de forma totalmente independiente el uno del otro".

V-Motion es una tecnología presente en el servidor VMWare ESX. A través de la completa virtualización de servidores, almacenamiento y red, una máquina virtual entera que se esté ejecutando puede ser transferida de un servidor hacia otro en minutos. El clúster del VMWare, el VMFS, permite que tanto el servidor fuente, como el servidor objetivo accedan a los archivos de la máquina virtual de forma simultánea.

De acuerdo con Menascé, existen varias ventajas de la virtualización a través de diversas dimensiones.

Seguridad:

Por compartimentar entornos con diferentes requisitos de seguridad en diferentes máquinas virtuales, se puede seleccionar el sistema virtual visitante y las herramientas más apropiadas para cada entorno. Un ataque de seguridad en una máquina virtual no comprometerá a los otros servidores, porque ellos están aislados los unos de los otros.

Confiabilidad y disponibilidad:

Un fallo de software en una máquina virtual no afecta a

otras máquinas virtuales.

Coste:

Es posible conseguir grandes reducciones de coste con la consolidación de pequeños servidores en poderosos servidores. Esas reducciones proveen un reducción en los gastos en hardware y gastos en términos de operarios, espacio y licencias de software.

Adaptabilidad a las variaciones de la carga de trabajo:

Los cambios en los niveles de intensidad de la carga de trabajo pueden ser fácilmente atendidos por la transferencia de recursos y atribuciones prioritarias de máquinas virtuales.

Esos recursos pueden ser utilizados para mover procesadores de una máquina virtual hacia otra.

Los Sistemas Legados:

Aunque una organización decida migrar hacia un sistema operativo diferente, es posible continuar con la utilización de las aplicaciones del antiguo funcionando como un visitante dentro de la máquina virtual. Esto reduce el coste de la migración.

EJEMPLO DE APLICACIÓN DE LA INVESTIGACIÓN

Este capítulo presenta un caso de estudio realizado por la empresa Microsoft, donde, durante varios años, su TI era conocedora de que el número de servidores en sus data centers estaba creciendo rápidamente, mientras la utilización de los servidores era muy baja. Microsoft tiene cerca de 13.000 servidores localizados en data centers o instalaciones de laboratorio gestionados, que suministran el poder de computación de 550 edificios en 98 países.

En septiembre de 2005, la media de utilización del procesador de los servidores de data center de Microsoft era de sólo el 9,75%. Al estimar las demandas de procesador contra las mejoras en la capacidad de este, Microsoft proyectó que, hasta 2008, la utilización del procesador no podía ser más bajo del 2%. Uno de los objetivos de la iniciativa rightsizing era asegurar que la utilización del procesador no continuara disminuyendo. Durante este mismo tiempo, muchos grupos empresariales de Microsoft estaban comprando nuevos servidores en base a deseos personales. Por ejemplo, los grupos empresariales que siempre compraron servidores de tamaño medio para ejecutar aplicaciones de negocios, continuaban comprando servidores de tamaño medio, sin ningún tipo de evaluación de la capacidad del servidor o de su utilización. Sin embargo, un servidor de tamaño medio comprado en 2008 tenía, por lo menos, seis veces más poder de procesamiento que uno de tamaño medio comprado en 2005. En muchos casos, los servidores estaban en ejecución con menos de un 5 por ciento de utilización y al llegar al fin de la vida útil eran sustituidos por servidores cada vez más potentes, sin aumentar la carga de trabajo.

El problema fue agravado por el aumento del número de líneas de negocios que fueron comprando servidores y la falta de planificación de la capacidad, dentro del grupo empresarial o en toda la corporación. En 2005, Microsoft tenía hasta 40 líneas de negocios diferentes, que podrían colocar el hardware en data centers corporativos. Sin embargo, muchos de esos grupos empresariales no tienen un proceso de planificación consistente para la compraventa de hardware. Además de eso, cada línea de negocio opera de forma autónoma.

SOLUCIÓN

La TI de Microsoft identificó la virtualización como una de las estrategias principales para resolver los problemas sobre la poca utilización de la capacidad del servidor y del data center. Al usar el Microsoft ® Virtual Server 2005 para implementar la virtualización en servidores que ejecutan el sistema operativo Windows Server ® 2003, la TI de Microsoft podría ejecutar varias máquinas virtuales en un único servidor físico. Como muchos de los servidores, especialmente en el desarrollo y entorno de pruebas, estaban funcionando con una utilización extremadamente baja, la TI de Microsoft podría funcionar con 25 máquinas virtuales en un servidor físico en un entorno de laboratorio, y ejecutar hasta 10 máquinas virtuales en un servidor físico en un entorno de producción.

Esta solución presenta ventajas significativas:

- Al implantar máquinas virtuales en vez de ordenadores físicos, el número total de servidores en los data centers disminuiría en vez de aumentar continuamente.

- Con la implantación en el laboratorio de 25 o 10 máquinas virtuales de producción (cada sustitución de un servidor físico de dos a cuatro unidades de rack) en un servidor físico de cuatro unidades de rack, la cantidad de espacio usado en el data center disminuiría significativamente.

- Con la implementación de máquinas virtuales, la potencia necesaria para ejecutar los servidores disminuiría significativamente. La TI de Microsoft estimó que, de media, una máquina virtual con la utilización típica requiere cerca de un 90% de energía menos que un servidor físico.

- El objetivo de Microsoft era tener el 25% de los servidores de producción y los servidores de laboratorio de gestión de TI como máquinas virtuales en ejecución hasta junio de 2008. En mayo de 2008, Microsoft estaba cerca de alcanzar esa meta, con 3.000 servidores virtuales en ejecución en los data centers y entornos de gestión del laboratorio. Microsoft definió una meta de ejecutar más del 50% de la producción y consiguió gestionar servidores del laboratorio en Windows Server ® 2008 y con la tecnología Hyper-V ", en Junio de 2009.

- El ahorro económico en el coste potencial para Microsoft es difícil de ignorar. Una estimación es que, si la TI de Microsoft virtualiza 2.500 servidores, va a ahorrar 7 millones de dólares en costes de alojamiento al año. Durante tres años, el ahorro en el coste crecerá hasta los 20 millones de dólares al año, porque los 2.500 servidores no necesitarán ser sustituidos por nuevos hardwares físicos.

IMPLEMENTACIÓN

Para tratar las cuestiones referentes al espacio y utilización del servidor, Microsoft inició la estrategia Compute Utility en el verano de 2005. Un componente fundamental de esa estrategia es la iniciativa rightsizing, que son esfuerzos, con la finalidad de promover nuevos modelos para la implantación de servidores virtuales.

Un elemento importante de esta iniciativa es identificar el servidor que será candidato a la virtualización, y redireccionar las compras de hardware hacia una oferta de una plataforma de máquina virtual.

LA ESTRATEGIA COMPUTE UTILITY

La TI de Microsoft implementó la estrategia Compute Utility para eliminar el concepto de propiedad del servidor para los grupos empresariales y sustituirlo con un concepto de compraventa de capacidad de computación. Con esa estrategia, las líneas de negocios de Microsoft definen sus necesidades de capacidad de computación para las aplicaciones que estos necesitan para ejecutar sus negocios y, después, la TI de Microsoft se concentra en atender las necesidades de capacidad de computación.

La TI de Microsoft utiliza como referencia el Standard Performance Evaluation Corporation (SPEC) para atribuir una unidad computacional para cada servidor. La unidad de computación es una medida de la capacidad de computación del servidor: un servidor high-end típico puede tener 160-180 unidades de computación. La TI de Microsoft utiliza este valor para adecuar la capacidad de computación con las exigencias del negocio. Por ejemplo, si una aplicación de negocio está siendo ejecutada en un servidor más antiguo con 40 unidades de computación, y sólo se utiliza el 20% de ese servidor, sustituyendo el servidor con el nuevo hardware que tiene 160 unidades de computación se puede disminuir la utilización a menos del 5%.

Si un servidor físico es la única manera de satisfacer los requisitos de negocio, la TI de Microsoft lo suministra. Sin embargo, en muchos casos, una máquina virtual puede ampliamente atender a los requisitos del negocio. La estrategia Compute Utility intenta crear un nivel de abstracción para el grupo empresarial; el grupo ahora está comprando capacidad de computación y espacio en una red del área de almacenamiento, en vez de un servidor físico real.

LA INICIATIVA RIGHTSIZING

La iniciativa rightsizing es un componente de una estrategia más amplia Compute Utility y tiene dos objetivos. El primero es identificar los servidores que serían buenos candidatos para la virtualización, y después forman grupos empresariales para sustituir los servidores físicos por máquinas virtuales. El segundo objetivo es asegurar que si un grupo empresarial requiere un servidor físico, el servidor es de tamaño adecuado.

Para identificar los servidores que serían buenos

candidatos para la virtualización, Microsoft IT implementó las siguientes etapas:

1. Identificar las características de rendimiento de los servidores actualmente en el data center: Para identificar las características de rendimiento de los servidores en el data center, la TI de Microsoft utilizó el Microsoft Operations Manager 2005, y, más tarde, el Microsoft System Center Operations Manager 2007 para recolectar informaciones sobre cada servidor. La TI de Microsoft configuró el sistema para capturar datos de utilización de la CPU en intervalos de 15 minutos por día. Este esfuerzo mostró que la utilización de la CPU es de 96 puntos por día, y cerca de 2.880 puntos por mes. La TI de Microsoft mantuvo este nivel de detalle por servidor, por lo menos, durante 12 meses.

El equipo rightsizing necesitaba de más informaciones para una perspectiva histórica, por eso también recogió el diario de agregación de datos Microsoft Operations Manager. Esos datos agregados a la mayoría de los servidores estaba disponible durante cerca de 18 meses. Los datos diarios agregados contenían los siguientes valores:

a.Máximo: El mayor nivel de utilización de la CPU capturado durante el día relatado.

b.Media: Una media de todos los puntos de utilización de CPU, datos capturados durante el día relatado (suma de puntos de datos / cantidad de puntos de datos = media).

c.Mínimo: El más pequeño nivel de utilización de la CPU capturado durante el día relatado.

El equipo rightsizing desarrolló entonces un cubo usando los datos diarios agregados, para ofrecer los siguientes valores de comparación mensual:

d.Valor Máximo: El valor más elevado de agregación diaria por el Microsoft Operations Manager capturado para el periodo de referencia.

e.Media del Valor Máximo: Una media de un mes de la máxima diaria de Valores relatados (suma de puntos de datos Valor Máximo del mes / cantidad de puntos de datos = Media del Valor Máximo).

f. Media del Valor medio: Una media de un mes, la media diaria de Valores relatados (suma de puntos de datos Valor medio del mes / cantidad de puntos de datos = media del valor medio). Eso también puede ser considerado como "media del Valor medio".

g.Media del Valor Mínimo: Una media de un mes del mínimo diario de Valores relatados (suma de puntos de datos Valor Mínimo del mes / cantidad de puntos de datos = Media del Valor Mínimo).

Para mejorar la lectura del informe rightsizing, el equipo definió cuatro categorías de "temperatura": permafrost, fría, calentado y caliente. Cada temperatura tiene un valor definido por el nivel de utilización media de %CPU (media del Valor medio) y %Max CPU (Media del Valor Máximo). La Tabla a continuación muestra las temperaturas y valores:

Tabla 1. Identificando la utilización de servidores por temperatura

Temperatura	Mínimo %CPU	Máximo %CPU
Permafrost	<=1	<=5
Frío	<=5	<=20
Calentado	<=20	<=50
Caliente	>20	>50

Usando esos datos de rendimiento, el equipo rightsizing podría identificar cuáles servidores fueron excelentes candidatos para la virtualización. Esencialmente, el equipo consideró cualquier servidor identificado como Permafrost o frío para ser un candidato para la virtualización.

2. Recolectar informaciones sobre el hardware, sistema operativo y aplicaciones en ejecución en los servidores del data center: Para identificar los servidores que fueron buenos candidatos a la virtualización, el equipo rightsizing necesitaba recolectar más informaciones sobre los servidores. Además de los datos del Microsoft Operations Manager, el equipo usó informaciones de configuración almacenadas en una base de datos de gestión de configuración.

3. Desarrollar recomendaciones específicas de la aplicación para virtualización de servidores: A lo largo del tiempo, el equipo rightsizing identificó qué servidores eran buenos candidatos a la virtualización. La TI de Microsoft implantó máquinas virtuales en Virtual Server 2005 ejecutando el Windows Server 2003. La orientación inicial del equipo recomendaba que todos los servidores que utilizaban el Internet Information Services (IIS) o funcionaban como servidores del Microsoft SharePoint® debían pasar por el proceso de virtualización. Estas recomendaciones enfocaban en primer lugar entornos de laboratorio, pero también incluyeron algunos servidores de

producción. Cuando el equipo estaba desarrollando las recomendaciones iniciales no estaban recomendando servidores altamente utilizados para la virtualización. Todos los otros sistemas eran candidatos a la virtualización. Sin embargo, la TI de Microsoft comenzó recientemente la implantación de máquinas virtuales en el Windows Server 2008 Hyper-V. Esta herramienta ofrece mejor rendimiento y soporta máquinas virtuales de 64-bit.

4. Comunicación rightsizing para los grupos empresariales: Mientras recolectaban datos y recomendaciones, el equipo rightsizing también trabajó en formas de presentar las informaciones para los grupos de negocios de Microsoft. Para hacer eso, el equipo desarrolló un scorecard. Este utiliza las informaciones recolectadas por el Microsoft Operations Manager 2005 y el System Center Operations Manager 2007 para presentar una visión actual mostrando el status del grupo empresarial de virtualización, así como presentar las posibilidades futuras para la virtualización adicional.

El scorecard suministra informaciones de alto nivel sobre la implantación de servidores físicos y máquinas virtuales para toda la organización, así como informaciones detalladas sobre el rendimiento de cada grupo empresarial.

PROPUESTAS

Fueron presentadas tres propuestas para los grupos de negocio:

- Opción A: Intercambiar todos los servidores que estén en el final su vida útil y fuera de garantía que tienen la temperatura permafrost y frío. Los servidores en el final de vida son aquellos a los cuales la TI de Microsoft no ofrece más soporte en entornos de producción debido a problemas de performance, coste u otros.
- Opción B: Opción A, además de realizar el cambio de servidores en final de vida y servidores fuera del periodo de garantía, también aquellos que tienen valor de uso de CPU irrisorios.
- Opción C: Opción B, además de realizar el cambio del 50% de servidores antiguos que tienen la temperatura permafrost y fría.

La tabla a continuación irá a mostrar una expectativa de reducción de costes con el uso de las opciones presentadas:

Tabla 2. Economías Por Opción Presentada

	Opción A	Opción B	Opción C
Número de Servidores	127	175	285
Coste actual de alojamiento	$650,814	$920,744	$1,439,536
Costes Adicionales	$51,664	$71,190	$115,735
Coste del VSU	$258,318	$355,950	$578,673
Coste VSU Total	$607,162	$836,641	$1,360,138
Alojamiento VSU	$297,180	$409,500	$665,730
Ahorro	$43,653	$84,104	$79,398
Meses para recuperar el dinero	10.5	10.0	10.8

invertido			
Ahorro por Servidor	$344	$481	$279

El scorecard del Rightsizing ofrece información detallada para los grupos de negocio que incluyen:

- Número de servidores físicos contra máquinas virtuales.
- Número de servidores ejecutando sistemas operativos de 64-Bit, Número de servidores ejecutando el Windows Server 2008.
- Estadísticas de performance de los servidores.
- Número de servidores en cada nivel de temperatura.
- Para cada categoría, el scorecard incluye información para poder comparar los grupos de negocio de Microsoft que están utilizando la iniciativa contra grupos que no la utilizan.

CONSIDERACIONES FINALES

Basándose en el ejemplo de aplicación, es posible concluir que muchas organizaciones están llegando cerca de la capacidad máxima de sus Data Centers, debido a la falta de espacio. Esto ocurre debido al hecho de muchos servidores están siendo subutilizados por las compañías, muchas veces no llegando ni al 10% de su capacidad total. La TI de Microsoft consiguió identificar la virtualización como una herramienta importante para reducir el espacio utilizado por los data centers, disminuir costes y contribuir con el medio ambiente, reduciendo el gasto de energía y emisión de CO_2. Para identificar tales servidores, Microsoft creó una iniciativa que quedó conocida como Rightsizing, que recolectó datos sobre el rendimiento del servidor. Al realizar esto, el equipo encontró diversos servidores que funcionaban a menos del 20% de la capacidad total, que podrían ser utilizados. Además de esto el equipo también creó un scorecard para demostrar a los grupos de negocio las ganancias que estos tendrían con el uso de la virtualización.

Visto todos estos datos, podemos concluir que la virtualización es un excelente proyecto de TI Verde, que, además de disminuir los costes de las empresas, aún puede reducir, considerablemente, el espacio utilizado por los Data centers.

LA TI VERDE

Con la constante evolución de la tecnología, todos los días son lanzados nuevos aparatos y, queriendo o no, estos sustituyen a otros que ya estaban en el mercado y las personas, al comprar el nuevo, se libran del viejo, generando de esa forma más residuos y suciedad tecnológica.

La TI verde presenta varias soluciones para la reducción de consumo de energía eléctrica, gastos con hardware y emisiones de CO_2. En este capítulo, veremos la conservación del medio ambiente gracias a la virtualización, que es la creación de una versión virtual de algo que antes era real, como hardware, redes, dispositivos almacenamiento de datos y de sistemas operativos. Con ella, las grandes empresas centralizan sus operaciones, facilitando el mantenimiento y disminuyendo su consumo de energía.

TI VERDE

TI Verde es la aplicación de las prácticas de reciclaje, ahorro de energía y conciencia ambiental en las áreas relacionadas con la informática y computación en general.

Podemos considerar prácticas de TI verde todas aquellas que dentro del área de tecnología, tienen como objetivo:

- Disminuir las emisiones y el consumo de energía eléctrica generados por la producción de componentes electrónicos;
- Usar equipamientos electrónicos de manera consciente, también buscando el ahorro de energía y disminuir las emisiones de gases como el carbono;
- Reciclar componentes electrónicos;
- Descartar responsablemente los componentes electrónicos que no puedan ser reciclados;
- Disminuir el uso de metales pesados y otros componentes tóxicos en la fabricación de componentes y productos electrónicos;
- Usar soluciones de software para problemas de hardware.

Resumiendo, la TI Verde consiste en la creación, producción, uso y descarte consciente para el medio ambiente. Esta puede estar presente en todo el ciclo de vida de un producto, ya que no sólo los ingenieros y fabricantes deben preocuparse en reducir el consumo de sus productos y utilizar productos reciclados. En la TI Verde, el consumidor final también tiene un papel importante, ya sea exigiendo productos verdes, utilizando protección de pantalla estática en sus ordenadores y, también, desconectando estos cuando no se están utilizando.

Servidores de Internet

Los servidores de Internet son las "herramientas" que hacen posible la visualización de las páginas de internet en el navegador. Profundizando un poco más en esto, es posible observar que el navegador divide el link (url) en tres partes: el protocolo, el nombre del servidor y el nombre del archivo. A continuación veremos un ejemplo:

http://www.midominio.com/curso-programacion/, tenemos: el protocolo (http), el nombre del servidor (www.midominio.com) y el nombre del archivo (curso-programación).

El Navegador comunicó un Name Server para traducir el nombre del servidor (www.midominio.com) en una dirección del IP, que usa para conectarse con el servidor. Ahora el navegador crea una conexión con el servidor en la dirección de IP específica. Siguiendo el protocolo HTTP, el navegador manda una petición GET hacia el servidor, solicitando el archivo http://www.midominio.com/curso-programacion/. El servidor entonces manda el texto HTML referente a la página para el navegador lea el código HTML y formatee la página en la pantalla del ordenador.

En internet tenemos básicamente dos tipos de máquinas, clientes y servidores. Aquellas que disponibilizan servicios son los servidores (servidores web, servidores FTP) y aquellas que sólo son usadas para conectarse a esos servicios son los clientes.

Un servidor puede ofrecer uno o más servicios en internet, su software puede posibilitar que este sea a la vez un servidor web, un servidor de emails y un servidor FTP. Cuando un cliente accede a un servidor, es para una finalidad; entonces el software específico de esa finalidad direcciona la petición al servidor. Eso sólo no ahorra espacio, tiempo, materia prima y la energía eléctrica.

VIRTUALIZACIÓN DE SERVIDORES

Un servidor virtual es una instancia de alguna plataforma de sistema operativo que se ejecuta en una configuración física cualquiera de servidor. Este es controlado por un virtual machine manager, o administrador de máquina virtual. Una instancia de servidor virtual puede operar de manera aislada o en conjunto con diversas instancias que no necesariamente simulan el mismo sistema operativo que las otras instancias. En resumen, un servidor físico funciona como plataforma para otros servidores virtuales.

Existen varias ventajas a la hora de trabajar con servidores virtuales que dividen una base de hardware, pero se usan como entidades individuales en una red. La disminución de los costes de hardware y de energía eléctrica, ahorro de espacio, facilidad de mantenimiento y administración y la gran caída en el impacto medio ambiental del servidor son las ventajas citadas anteriormente.

Paul Brebner creó en su artículo "Performance Modelling Power Consumption and Carbon Emissions for Server Virtualization of Service Oriented Architectures" publicado en 2008, un sistema de cambio de emisiones de carbono que se ejecuta en un entorno virtualizado, donde, teóricamente, las empresas pueden entrar y negociar su cuota de emisión de carbono con otras empresas, por ejemplo: una empresa con créditos de emisión de carbono de sobra puede vender lo que no utiliza a otra empresa que utiliza más de lo que su cuota le permite.

Ese sistema fue basado en el Australian Climate Exchange (ACX), que básicamente es un sistema online para el cambio de emisiones de carbono.

Estos comparan, las emisiones de carbono durante un año de un servidor no virtualizado con otro que tampoco está virtualizado, pero si está optimizado, y por último comparan esos dos con un servidor virtualizado en dos momentos, no utilizando y utilizando computación en la nube para el almacenamiento de datos. El servidor no virtualizado presenta un consumo de 61kWh por día, lo que libera al año a la atmósfera 23.6 toneladas de carbono, el equivalente a la emisiones de 4.3 coches por año (asumiendo que un coche emita 5.5 toneladas un año).

Debemos considerar que en Australia también se utilizan fábricas de carbón para la producción de energía eléctrica, entonces en un país como España, que retira su energía en gran medida de fábricas renovables y de carbón, las emisiones de un servidor son más pequeñas que en Australia.

En el servidor optimizado, el consumo diario es de 51kWh, liberando a finales de un año 19.73 toneladas de carbono en la atmósfera, una disminución del 15% en comparación con el servidor no virtualizado y no optimizado. En el servidor virtualizado sin computación en nube (on-demand cloud computing - EC2), Paul y su equipo simularon un entorno virtual, igual a la configuración utilizada anteriormente en los servidores no virtualizados y también tomaron en consideración para la simulación un escenario ideal. El servidor virtualizado obtuvo un consumo diario de 33.6kWh, liberando a finales de un año 14 toneladas de carbono en la atmósfera. Eso significa una disminución del 40% en las emisiones, en comparación con el servidor no virtualizado.

Finalmente, la experiencia con el servidor virtualizado utilizando computación en nube para el almacenamiento de datos, el consumo diario cae drásticamente para 10kWh, con emisiones anuales de 3.87 toneladas, lo que equivale a menos que un coche.

DATA CENTERS CON SERVIDORES VIRTUALIZADOS

La utilización de servidores virtuales en Data Centers es una salida que está siendo adoptada por muchas empresas, por sus beneficios. Con la utilización de servidores virtuales en un Data Center, la primera mejora observada es en la capacidad de procesamiento de los servidores, que están menos sujetos a la redundancia, ya que, como existen diversos servidores virtuales en uno físico, ese procesamiento está siempre dirigido a un servidor, que nunca queda parado.

También se puede observar una disminución en el espacio ocupado por los servidores, y, con la disminución, viene la reducción en los gastos de energía eléctrica, ya que el número físico de estos disminuye, además del ahorro en refrigeración de la sala de servidores que se hace más fácil y rápida. El mantenimiento también ahorra en costes y se hace fácil con la disminución de servidores físicos.

LOS PELIGROS POTENCIALES DE LA VIRTUALIZACIÓN

Ni todo en la virtualización es tan idílico cuanto parece, ya que las máquinas o servidores siendo virtuales, están sujetas a los mismos problemas y amenazas de sus contrapartes físicas.

Steven J. Vaughan habla, en su artículo de 2008 "Virtualization Sparks Security Concerns", sobre la seguridad en entornos virtualizados y como esta no puede ser simplemente aplicada en el hardware que contiene los entornos virtuales, pero debe ser aplicada en cada entorno por separado, de acuerdo con las necesidades del mismo.

Vaughan cita al vicepresidente de investigaciones de mercado de la firma Gartner Inc, Niel MacDonald: "Si la virtualización es realizada sin la implementación de las mejores prácticas de seguridad, esta puede acabar aumentando los costes y reduciendo la agilidad". Ese comentario es de alto valor para la virtualización en la TI Verde, ya que uno de sus objetivos, junto con ayudar al medio ambiente, es reducir costes.

Un problema grave de virtualización de servidores de internet viene del hecho de que los mismos sean abiertos a las personas en la web, a través de páginas o mecanismos de acceso.

La mayoría de los servidores no monitorizan el tráfico entre sus máquinas virtuales y esa falta de visibilidad, como apunta Steven, puede fácilmente permitir que los ataques en servidores virtuales pasen desapercibidos durante mucho tiempo, o incluso que el intruso ataque el servidor físico.

Ya existen algunas soluciones para las amenazas en la virtualización, como las redes virtuales privadas, que permiten sólo el acceso interno o utilizan canales encriptados en redes públicas como internet. Otra solución es la llamada de Zona de Seguridad, donde el servidor es dividido en zonas con diferentes niveles de seguridad, que son usadas de acuerdo con la importancia de la máquina virtual. Esa solución presenta un problema, ya que, al crearse esas zonas, el número de máquinas virtuales queda limitado al número de zonas, lo que crea la necesidad de más de un servidor para crear otras máquinas virtuales, que podrían estar en el primer servidor. Esa solución no es de mucho interés para la TI Verde, ya que más servidores generan una mayor producción de carbono, además de aumentar los costes.

En otro trabajo, A. Vancleef et al. (2009) hace un análisis de la virtualización y apuntan el impacto general de esta en cinco áreas de seguridad de datos e informaciones (Confidencialidad, Integridad, Disponibilidad, Autenticidad y No-Rechazo). Después del análisis, estos llegaron a la conclusión de que la virtualización tiene un efecto positivo sólo en la disponibilidad, y afecta negativamente a las otras áreas, aunque el entorno virtual las haya tomado en consideración. Estos terminan diciendo que creen que exista un límite de lo que debe ser virtualizado y presentan sus recomendaciones.

CONSIDERACIONES FINALES

En este capítulo, se han enfocado los beneficios de la virtualización para el planeta, desde el ahorro de recursos renovables hasta la disminución de la polución y del impacto medio ambiental de la tecnología.

También es relevante apuntar la situación de la virtualización en el mercado y su importancia, mostrando como una empresa puede adoptar una imagen actualizada, al optar por prácticas de TI Verde.

EJEMPLOS PRÁCTICOS DE VIRTUALIZACIÓN

ENTORNOS DE PRUEBA VIRTUALES

Una de las fases del proceso de prueba es la preparación, cuyo objetivo principal es el montaje del entorno de prueba. Lo que muchas veces necesita de nuevas inversiones en infraestructura. En este momento, la Virtualización aparece como una buena alternativa para la creación de entornos de pruebas virtuales.

La Virtualización es una de las tecnologías de la que más se ha hablado los últimos años. Se caracteriza por la capacidad de ejecutar varios sistemas operativos en un único hardware, haciendo uso de máquinas virtuales.

Una máquina virtual (Virtual Machine - VM) puede ser definida como un duplicado eficiente y aislado de una máquina real.

Todo el barullo que se hace en torno a la Virtualización tiene un motivo, sus beneficios:

Optimización del hardware: para que se haga una idea, muchos Data Centers están ejecutando sólo el 10% o 15% de su capacidad de procesamiento. En otras palabras, el 85% o 90% del potencial de la máquina no está siendo usado.

Ahorro de energía y espacio físico: un buen ejemplo es la IBM que recientemente comunicó que intercambiará 4 mil servidores de tamaño pequeño por 30 mainframes Linux, ejecutando máquinas virtuales. Es decir, el espacio físico necesario será más pequeño, por lo tanto el gasto en la refrigeración y en el propio consumo de energía dará como resultado una mejor eficiencia energética.

Facilidad de administración: con la reducción en el número de máquinas físicas la administración de estas será más sencilla, finalmente es más fácil administrar 30 mainframes del que 4 mil servidores.

Como podemos percibir, la virtualización del entorno de prueba es una alternativa interesante, principalmente en proyectos de corto plazo, debido a facilidad de montaje y desmontaje de entornos virtuales. Las herramientas de Virtualización existentes actualmente en el mercado, crean archivos de imagen de las máquinas virtuales, entonces si una aplicación tiene que ser retesteada, el montaje del entorno de prueba será mucho más fácil y ágil, ya que sólo necesitamos "subir" la máquina virtual.

La creación de entornos virtuales sólo no se recomienda para las pruebas de rendimiento, ya que no traerá resultados reales, si la arquitectura del proyecto no hace uso de máquinas virtuales.

INSTALACIÓN DE VM CON VIRTUALBOX

Instalando y configurando el Ubuntu linux en una máquina virtual.

En este capítulo, vamos a instalar el Ubuntu, una de las distribuciones linux más populares de la actualidad, en una máquina virtual. En este ejemplo las imágenes están sacadas de una versión en portugués de la VirtualBox, pero es totalmente entendible para los castellanohablantes.

VIRTUALIZACIÓN

Para quien no está acostumbrado a la virtualización, una máquina virtual (Virtual Machine) es un entorno que simula un ordenador, con sistema operativo propio, pero que se puede ejecutar dentro de su sistema actual.

Eso significa que puede ejecutar un sistema operativo linux dentro de su Windows y viceversa.

El sistema operativo principal de la máquina se llama anfitrión (host). Los sistemas operativos usados dentro de las máquinas virtuales del sistema anfitrión se llaman sistemas huésped (guests).

Esa técnica se hizo viable en un pasado no tan distante cuando el hardware alcanzó un buen nivel de eficiencia, inclusive hoy con la tecnología existente hace que la virtualización sea casi tan eficiente como un sistema tradicional.

La virtualización trae varios beneficios. El principal es posibilitar la creación de la tan comentada computación en la nube (cloud computing). Además de eso, las empresas que dependen de infraestructuras de TI tanto para el desarrollo como para la producción pueden usufructuar con mayor facilidad la creación de nuevos entornos y servidores virtuales, además de flexibilizar la gestión. Los desarrolladores o mismo los usuarios domésticos como pueden tener varios servidores con diferentes tecnologías en su notebook personal, inicializados sólo de acuerdo con la demanda.

Existen webs que ponen a su disposición entornos con diversas tecnologías listos para que los administradores puedan usar sus servidores. Uno de ellos es el TurnKey Linux. Bajando imágenes de discos virtuales relativamente pequeñas, con el que usted ya tiene un sistema listo para usar con solamente lo que es necesario para ejecutar la tecnología escogida.

Finalmente, puede tener un servidor listo en una máquina virtual en tan sólo algunos minutos.

¿VIRTUALBOX O VMWARE PLAYER?

Los programas gratuitos de virtualización para los

usuarios domésticos más conocidos son el VirtualBox de Oracle y el VMWare Player. Ambos son buenos productos, maduros y en constante evolución. Pero tienen funcionalidades específicas un poco diferentes, además de ventajas y desventajas.

En la práctica no hay un ganador absoluto. Depende del uso que hagamos de ellos. El VMWare, por ejemplo, permite copiar y copiar un archivo del sistema anfitrión hacia el huésped y viceversa. El VirtualBox, por su parte, tiene varias funcionalidades que el VMWare sólo tiene en la versión de pago.

Para quien insiste en una solución más completa y está en condiciones de invertir dinero, la mejor solución sería adquirir la versión de pago del VMWare. Para el usuario doméstico que está comenzando cualquier versión gratuita le servirá sin ningún problema.

En este ejemplo usaremos el VirtualBox. Pero si alguien opte por el concurrente no encontrará tanta dificultad en alcanzar el mismo objetivo.

FUNCIONALIDADES INTERESANTES DEL VIRTUALBOX

A continuación vamos a ver algunas de las funcionalidades que están disponibles en el VirtualBox. Por ejemplo, puede pausar una máquina virtual en cualquier momento a través del menú Máquina > Pausar.

También es posible salvar snapshots de la máquina a

través del menu Máquina > Crear Snapshot. ¿Sabe lo que significa eso" Al crear un snapshot, es como si usted realizara una fotografía o instantánea del sistema operativo en aquel momento. Esto le puede ser muy útil para realizar pruebas, probar programas o hasta virus. Cuando se canse de realizar prueba, basta con restaurar el snapshot y el sistema (disco y memoria) volverá al estado guardado como si nada hubiera sucedido.

Si en algún momento la máquina virtual le ocupa la pantalla completa o el cursor del mouse está capturado por esta de forma que no consigue salir, no se desespere. Puede usar la pantalla para liberar el mouse o también para algunas teclas de atajo como, por ejemplo, con la combinación de teclas CTRL + cursor de la derecha de su teclado. Este es el estándar y puede cambiarlo. Esa tecla especial se llama tecla del anfitrión, es decir, que permite acceder a los comandos en el sistema anfitrión. Por ejemplo, CTRL + F alterna la máquina virtual entre el modo de pantalla completa y ventana.

Otra funcionalidad interesante, aunque deba ser usada con cuidado, es el modo Seamless. Con este, los programas abiertos en el sistema dentro de la máquina virtual "se mezclan" con el área de trabajo del sistema anfitrión, dando la impresión de tener sólo un sistema operativo. Vea el siguiente ejemplo de una terminal abierto en el Ubuntu y mostrado en el seamless mode:

CONFIGURACIÓN DE HARDWARE

Las máquinas más nuevas, como el Intel i7, tienen soporte a nivel de hardware para la virtualización. Sin embargo, hasta hace poco tiempo esas capacidades estaban desactivadas por defecto. Eso llegaba a impedir la virtualización de sistemas operativos huésped de 64 bits.

Lea el manual de su placa madre y de su procesador y verifique si estos tienen soporte nativo para la virtualización. Busque por algo cómo VT-x (Intel) o AMD-V. Vea un ejemplo de la BIOS para un procesador AMD:

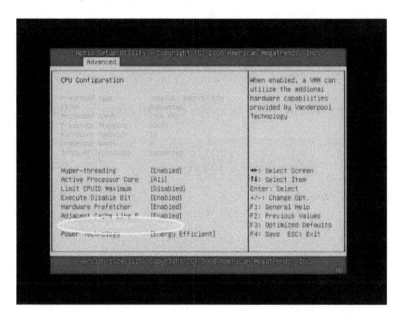

```
        CMOS Setup Utility - Copyright (C) 1984-2009 Awar
                        Advanced BIOS Features

     Internal Graphics Mode      [Disabled]
   x UMA Frame Buffer Size        128MB
   x Surround View                Disabled         Me
   x Onboard VGA output connect   D-SUB/DVI
     Init Display First           [PEG]            Ha
     Virtualization               [Enabled]        Vi
     AMD K8 Cool&Quiet control    [Auto]           Te
   ▶ Hard Disk Boot Priority      [Press Enter]    im
     First Boot Device            [Hard Disk]      sy
     Second Boot Device           [USB-HDD]        Vi
     Third Boot Device            [CDROM]          So
     Password Check               [Setup]
     HDD S.M.A.R.T. Capability    [Enabled]        Vi
     Away Mode                    [Disabled]       a l
     Backup BIOS Image to HDD     [Enabled]        on
```

Y aquí otro ejemplo para un procesador Intel:

```
        Aptio Setup Utility - Copyright (C) 2008 American Megatrends, Inc.
        Advanced

     CPU Configuration                        When enabled, a VMM can
                                              utilize the addional
                                              hardware capabilities
                                              provided by Vanderpool
                                              Technology

     Hyper-threading       [Enabled]
     Active Processor Core [All]              →←: Select Screen
     Limit CPUID Maximum   [Disabled]         ↑↓: Select Item
     Execute Disable Bit   [Enabled]          Enter: Select
     Hardware Prefetcher   [Enabled]          +/-: Change Opt.
     Adjacent Cache Line P [Enabled]          F1: General Help
                                              F2: Previous Values
                                              F3: Optimized Defaults
     Power Technology      [Energy Efficient] F4: Save ESC: Exit

        Version 1.24.1115. Copyright (C) 2008 American Megatrends, Inc.
                                                            AB
```

Recuerde, sin el soporte nativo, no será capaz de instalar un sistema operativo de 64 bits como huésped en el VirtualBox. Sin embargo, el VMWare consigue emular vía software la virtualización de sistemas 64 bits, pero de cualquier forma el rendimiento será muy inferior al esperado.

INSTALANDO EL VirtualBox Y LAS EXTENSIONES

Vaya hasta la página de downloads y baje la versión correspondiente a su sistema operativo.

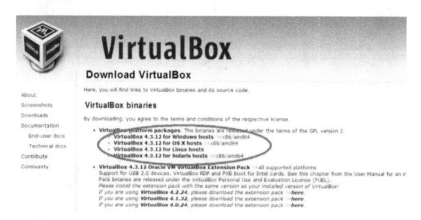

Baje también las extensiones para el sistema huésped.

Las extensiones traen varias facilidades, tales como: redimensionamiento automático de la pantalla, mejor integración del mouse, reparto de carpetas automáticamente entre el sistema anfitrión y el huésped, uso de la USB dentro de la máquina virtual y mucho más.

Ejecute el primer archivo bajado para instalar el VirtualBox. En general no necesitará modificar ninguna configuración, entonces simplemente avance hasta el final de la instalación

Confirme la instalación de todos los drivers, que serán usados para integrar sus dispositivos como mouse, teclado y red con la máquina virtual.

Después de finalizar la instalación, ejecute el otro archivo para instalar las extensiones del huésped (Guest Additions). El nombre debe ser algo como Oracle_VM_VirtualBox_Extension_Pack-4.3.12-93733.vbox-extpack. El programa VirtualBox se abrirá. Acepte el contrato para finaliar la instalación.

Si está todo correcto, no se olvide que el atajo añadido en el Menu Inicio es "Oracle Virtual Box".

CREANDO UNA MÁQUINA VIRTUAL

En la pantalla principal del VirtualBox, haga clic en el botón Nuevo.

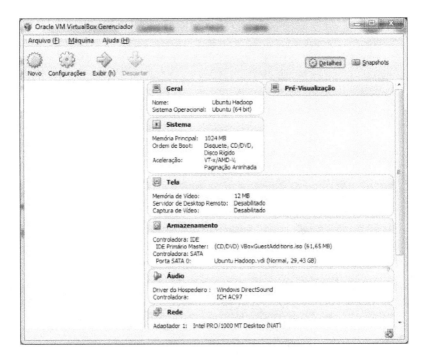

En la pantalla de creación, teclee "Ubuntu 14". Note que los demás campos serán rellenados automáticamente.

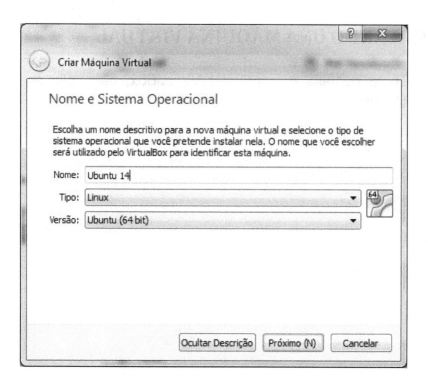

Haga clic en Siguiente y seleccione la cantidad de memoria para su nuevo entorno. Aquí voy a dejar con 2 Gigabytes (2048 Megabytes), pero lo habitual es no sobrepasar el 50% de la memoria total de su ordenador.

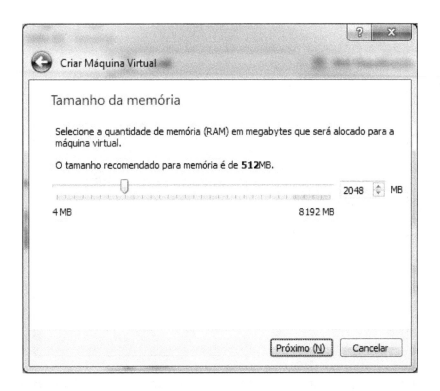

Haga clic en Siguiente. En esta pantalla, podrá crear un nuevo disco rígido virtual. Un HD virtual es simplemente un archivo grande que quedará en su sistema de archivos, el cual funcionará como si fuera un HD para el sistema de la máquina virtual. A menos que tenga otros planes, deje marcada la opción para crear un disco nuevo.

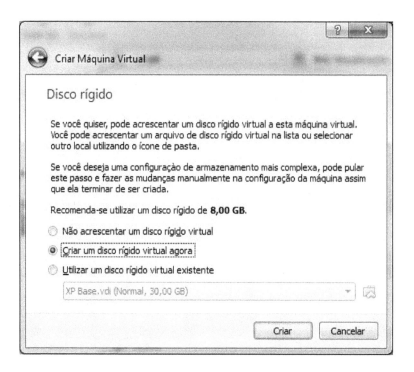

Haga clic en Crear. En la próxima pantalla, podrá escoger el formato del archivo de ese nuevo disco. Vamos a dejar el formato nativo del VirtualBox, el VDI.

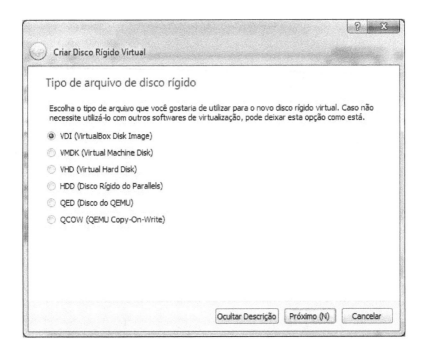

Haga clic en Siguiente. En esta pantalla puede escoger entre dos opciones:

1. Alojado Dinámicamente: en esta opción, el archivo del disco virtual va aumentando de tamaño solamente cuando se guardan nuevos archivos. Eso significa que si crea un disco de 30 Gigabytes, pero la instalación del SO y los demás archivos sólo ocupan 2 Gigabytes, el archivo tendrá sólo 2 Gigabytes. El disco va aumentando de tamaño en la medida del uso hasta alcanzar el límite de 30 Gigabytes.

2. Tamaño fijo: en esta opción, el disco virtual de 30 Gigabytes ocupará todo ese tamaño en su disco verdadero.

Ya que ahorrar espacio nunca es demás, vamos a dejar la primera opción seleccionada.

Haga clic en Siguiente. Ahora vamos a seleccionar el nombre del archivo y el tamaño del disco virtual.

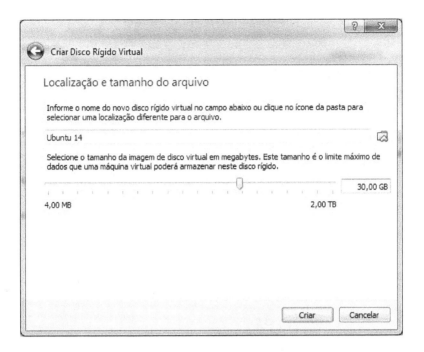

Si haya más de una partición o HD en su ordenador, puede cambiar el local del archivo del disco virtual. En algunas situaciones también puede crear máquinas virtuales en un HD externo. Sin embargo, en este capítulo, vamos a dejar todo como está, ya que el estándar es suficiente.

Finalmente, clic en Crear.

Ahora ya tiene un ordenador virtual para realizar pruebas.

INSTALANDO EL UBUNTU

Antes de nada, acceda a la página de downloads de la versión desktop del Ubuntu y baje la versión adecuada para su ordenador. En este tutorial, descargamos la versión 64 bits, cuyo nombre del archivo bajado es ubuntu-14.04-desktop-amd64.iso y tiene 964 Megabytes.

Con la imagen del disco de instalación de nuestro nuevo sistema operativo, ya podemos entonces iniciar la máquina virtual y la instalación.

En la pantalla principal, seleccione la VM (máquina virtual) creada y haga clic en Iniciar.

Antes de la inicialización de la VM, el VirtualBox va a saludarle con una pantalla solicitando el disco de boot. Eso ocurre porque este verificó que el disco virtual está vacío.

Haga clic en el botón de la derecha del campo y seleccione el archivo del Ubuntu que descargamos anteriormente.

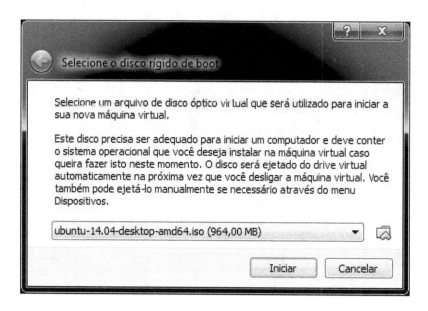

Clic en Iniciar y espere la inicialización de la instalación de Ubuntu.

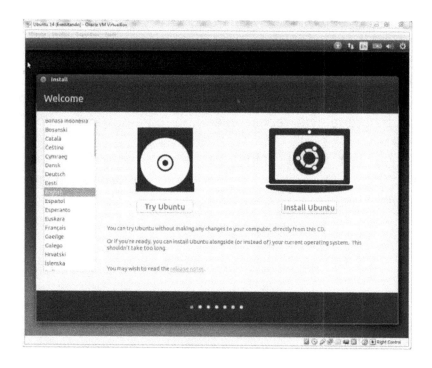

También puede seleccionar su idioma materno o dejar en Inglés. Yo prefiero el inglés porque en TI las traducciones acaban por confundir más que ayudar. Clic en Install Ubuntu o Instalar Ubuntu, dependiendo de su elección.

La próxima pantalla le informará si el Ubuntu se puede ejecutar bien en la máquina donde está siendo instalada. Además de eso, hay opciones para instalar las últimas actualizaciones y algunos softwares de terceros. Seleccione todas las opciones y haga clic en Continúe.

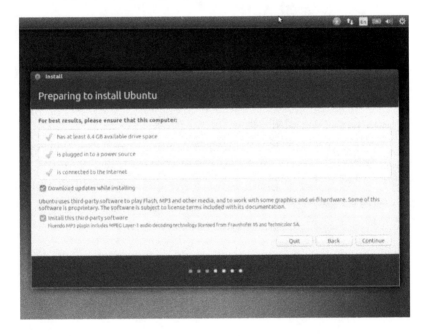

Ahora verá las opciones para formatear o particionar el disco antes de la instalación. Como tenemos un disco virtual dedicado, simplemente seleccione la primera opción para formatearlo y ejecutar una instalación limpia.

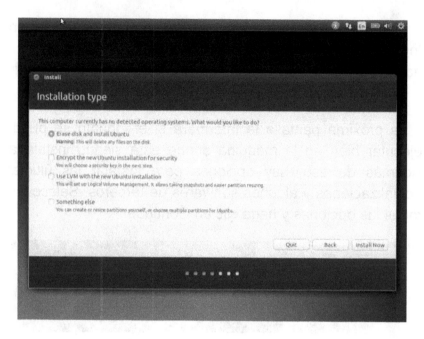

Haga Clic en Install Now.

En realidad, la instalación todavía no comenzará. Eso debe haber sido un gran fallo de design. La próxima pantalla contiene la selección de su localidad. Teclee el nombre de la capital de su estado. Coloqué "Madrid".

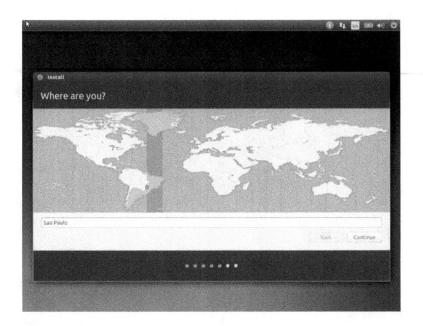

Haga Clic en Continúe.

En la próxima pantalla puede seleccionar el tipo de su teclado. Pruébelo para ver se está ok y haga clic nuevamente en Continúe.

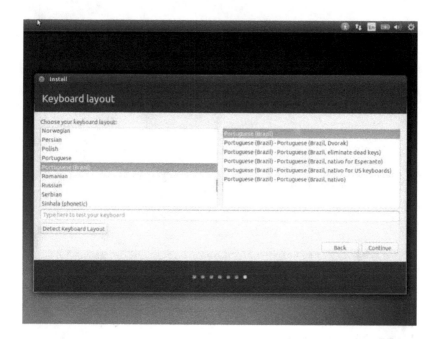

Finalmente, teclee sus datos de usuario, incluyendo la contraseña, y haga clic en Continúe para iniciar la instalación de verdad.

Espere el proceso de instalación.

Al final, se mostrará una caja de diálogo que le informará que el sistema debe ser reiniciado.

Haga clic en Restart Now.

Nota 1: En caso de que la instalación sufra algún error y no se reinicie correctamente. Vaya hasta menú Máquina > Reinicializar para forzar un reset.

Nota 2: la instalación del Ubuntu ejecuta automáticamente el disco de instalación virtual del Ubuntu. Si estuviera instalando otro sistema operativo que no haga eso, use el menú Dispositivos > Dispositivos de CD/DVD > Eliminar disco del drive virtual para no iniciar la instalación del sistema nuevamente por error.

Perfecto, el sistema ya está instalado y listo para su uso.

Mejorando la integración entre el sistema anfitrión y huésped

Note que la ventana del ubuntu quedó muy pequeña, casi inutilizable. Vamos a resolver eso.

¿Recuerda que instalamos las "extensiones del huésped" (Guest Additions) en el VirtualBox? Estas facilitarán el uso de la máquina virtual de varias formas, pero falta la parte de la instalación en el sistema huésped. Eso ocurre para que el VirtualBox consiga "conversar" con el SO que está en la máquina virtual.

Para hacer eso, debemos seguir las instrucciones de la documentación del VirtualBox que nos da algunos comandos.

Vamos a abrir el terminal de comandos haciendo clic en el primer botón a la izquierda (equivalente al "Iniciar" del Windows) y buscando en la caja de búsqueda por "terminal".

Si nada cambió en el VirtualBox o en el linux desde que se escribió este libro, las instrucciones del Guest Additions para el Ubuntu consisten en los siguientes comandos:

sudo apt-get update

sudo apt-get upgrade

sudo apt-get install dkms

El comando sudo que va delante de los demás no está en la documentación, pero es necesario si no está ejecutando el terminal con privilegios de superusuario (administrador).

El primer comando es apt-get update. Actualizará el índice de paquetes del Ubuntu. De esa forma este sabrá si tiene las últimas versiones de todos sus componentes y programas. Después de teclear el comando, el sistema solicitará la contraseña del usuario y entonces ejecutará la acción.

El próximo comando es apt-get upgrade. Instalará de manera efectiva todas las actualizaciones del sistema. Después de introducir el comando, el Ubuntu solicitará algunas confirmaciones. Presione Y (yes) para confirmar la actualización y espere.

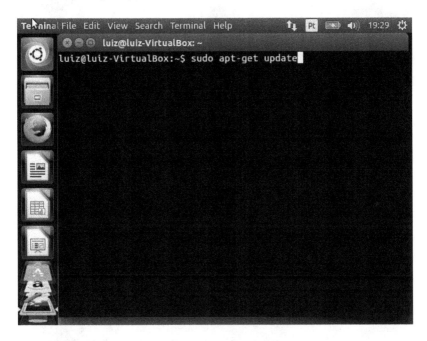

Después de la actualización del sistema, ejecutaremos el último comando: apt-get install dkms. Este comando instalará el paquete dkms, que posibilita que los módulos del kernel sean actualizados independientemente. El Guest Additions necesita de eso porque este es un módulo del Kernel y se actualiza con frecuencia, de lo contrario sería necesario recompilar el Kernel del linux en cada actualización.

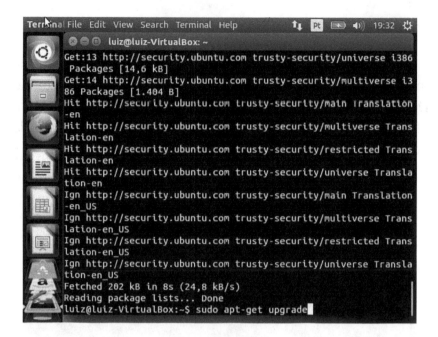

El comando le pedirá la confirmación de la instalación. Presione Y cuando sea necesario.

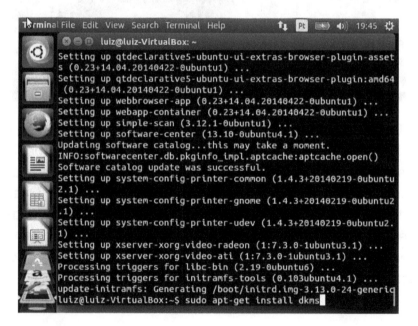

En este momento ya cumplimos todos los requisitos para

la instalación del Guest Additions.

Ahora vamos a la instalación en sí.

Vaya hasta el menú Dispositivos > Insertar imagen de CD de los Adicionales para Huésped...

Al accionar el menú, se montará una imagen de CD del VirtualBox en el sistema del Ubuntu y se lanzará la ejecución automática (auto run). A continuación se le mostrará un mensaje de confirmación.

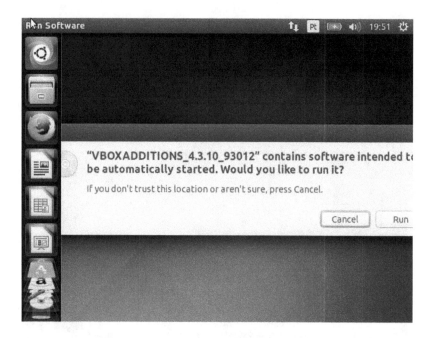

Haga clic en Run. Se le solicitará de nuevo la contraseña. Tecléela y espere hasta el final de la instalación.

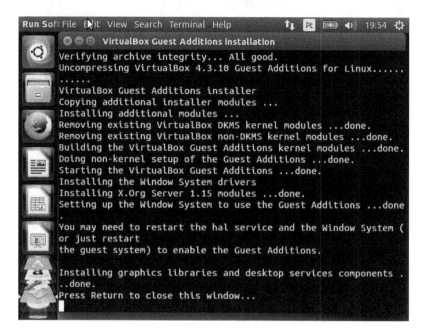

Finalmente, vamos a reiniciar el sistema para activar el módulo que acabamos de instalar. Haga clic en el botón del sistema en la esquina superior derecha del Ubuntu y seleccione la opción Shut Down...

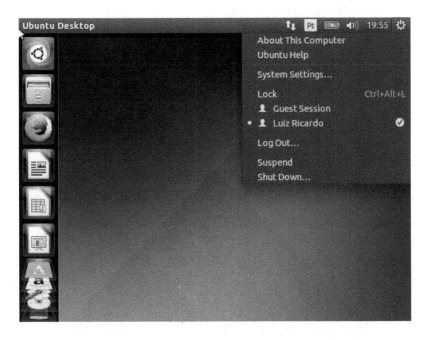

En la pantalla que se va a abrir, haga clic en el botón de la izquierda para reiniciar.

Después del reinicio, usted podrá, entre otras cosas, redimensionar la ventana del VirtualBox como quiera y el Ubuntu se ajustará a ese tamaño. Podrá comprobar esta opción en Visualizar > Redimensionar pantalla Automáticamente que estaba deshabilitada anteriormente, pero que ahora está activada por defecto.

INSTALACIÓN DE VM CON VMWARE

CONSTRUYENDO UN ENTORNO VIRTUAL

A continuación vamos a ver paso a paso la construcción de una máquina virtual utilizando el VMware Server 2.0 (beta) para su creación, que se puede obtener gratuitamente en el link:

http://www.vmware.con/download/server/

Este es gratuito desde 12 de junio de 2006 y está orientado al uso en servidores de tamaño pequeño y medio. Su principal diferencia, comparado a las otras herramientas de Virtualización, es que el VMware Server se ejecuta remotamente, y se accede a través de una interface de administración vía web llamada de VMware Infrastructure Web Access, o VI Web Access, donde usted puede:

- Crear, configurar y eliminar VMs;
- Añadir y eliminar VMs del inventory;
- Iniciar, parar, reiniciar, suspender o volver las VMs;
- Monitorizar la operación de las VMs;
- Interactuar con los sistemas que se están ejecutando en las VMs;
- Generar líneas de comando que permitan que los usuarios interactúen directamente con el sistema operativo invitado, usando el VMware Remote Console;

- Crear atajos Web para los usuarios de las máquinas virtuales, con opciones para limitar la visualización de la console o visualizar sólo una VM;
- Configurar las opciones de virtualización.

Hay algunas limitaciones, pero que no afectan a la gran mayoría de los usuarios, como el soporte de hasta 8 GB de memoria RAM y de 950GB de HD (tanto IDE como SCSI) y de a lo sumo 4 máquinas virtuales por procesador.

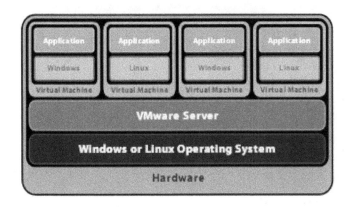

Arquitectura del servidor con 4 máquinas virtuales (retirada del Fecha Sheet del VMware Server)

Instalando el VMware Server

Los requisitos mínimos para la instalación del VMware Server es un procesador de 733MHz y 512MB de RAM, el sistema operativo puede ser tanto Windows, del 2000 para arriba, como Linux (Red Hat, SUSE, Ubuntu, Mandriva, Mandrake, etc). Vamos a instalar el VMware Server en un Athlon 64 3000 (2.00 GHz) con 512MB de RAM ejecutando el Windows XP (SP2).

Antes de instalar el VMware Server necesitamos de un serial, que puede ser obtenido gratuitamente en la web de VMware, basta con rellenar un formulario de registro en

(http://www.vmware.con/beta/server/registration.html).

La instalación del VMware Server es muy simple, en la figura de abajo vemos la pantalla de inicio de la instalación, basta con hacer clic en "Next".

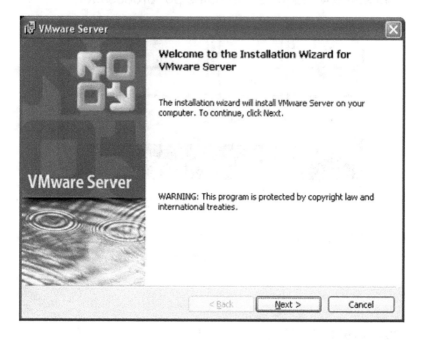

Después se mostrará la pantalla de acuerdo de la licencia que se muestra en la pantalla de abajo, donde se puede cambiar la localización de la instalación del VMware Server.

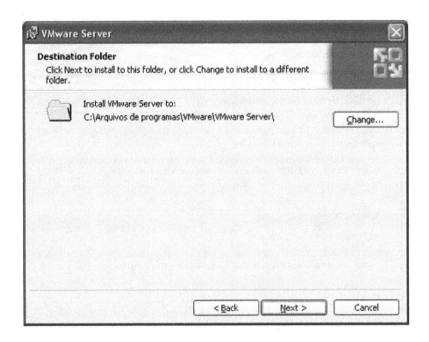

En la pantalla siguiente podemos modificar las configuraciones del servidor. El directorio donde quedarán los archivos de la máquina virtual. El nombre del dominio, utilizado para crear el atajo en el desktop que abre el VI Web Access. El puerto HTTP es el puerto por el que accederá a la interface Web localmente y la HTTPS se utiliza para el acceso remoto, es recomendado que se dejen las configuraciones estándar. Más abajo, hay un checkbox que si está marcado, permitirá el inicio y la finalización automáticamente de las máquinas virtuales con el sistema. Después de, configuradas todas las opciones, basta con hacer clic en el botón "Next".

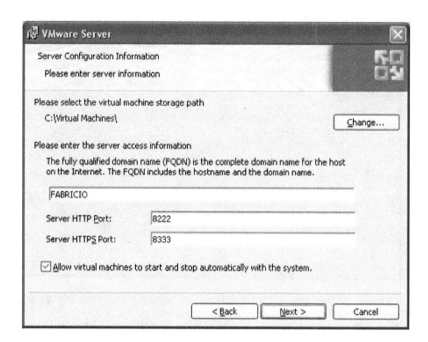

Tras la elección de los atajos que van a ser creados, se mostrará la pantalla de abajo, en la cual hacemos clic en "Install" para iniciar la instalación del VMware Server.

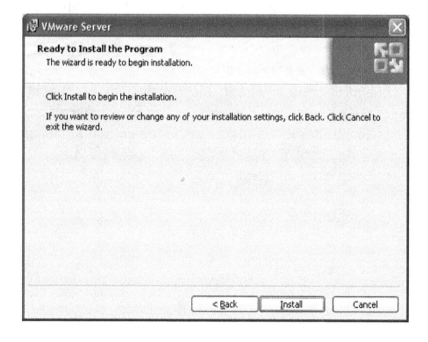

Terminada la instalación es hora de registrar la herramienta, en el campo editable "Serial Number" insertamos el serial, obtenido anteriormente en la web de la VMware. Y hacemos clic en el botón "Enter".

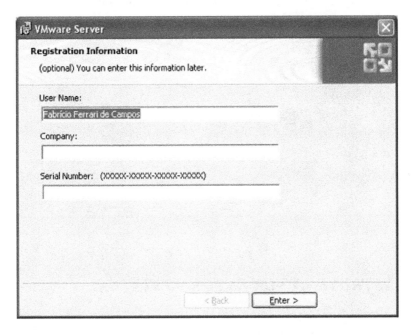

Listo, ya tenemos el VMware Server instalado. A continuación vamos a ver la parte más divertida, la creación de la máquina virtual.

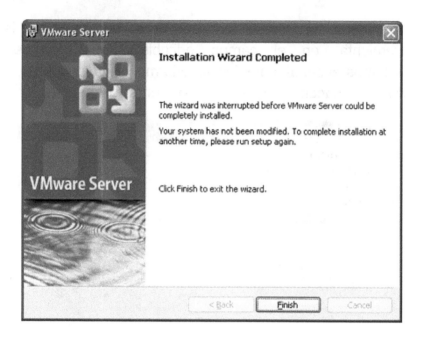

CONSTRUYENDO UN ENTORNO VIRTUAL

En la primera parte de este capítulo instalamos el VMware Server (VMS), ahora vamos a la parte más divertida, la creación de la VM.

¿Qué sucedió con el logon del Windows?

Para quien usa los atajos rápidos de teclado, uno de los primeros cambios que puede notar es justamente la manera de hacer logon del Windows, con la instalación del VMS la opción de cambio rápido de usuario queda desactivada, por lo tanto el logon será con la pantalla de bienvenida.

Accediendo a la interface Web

Para acceder al VMS, puede hacer clic en el atajo creado

en la instalación o teclear la dirección en su browser (http://127.0.0.1:8308/ui/). Si no aparece la pantalla de login verifique si los servicios del VMS fueron iniciados:

- Vaya a Ejecutar (tecla "Windows" + R);
- Teclee "services.msc" (sin las aspas) en el Ejecutar;
- Inicie los servicios del VMS (figura abajo), es recomendable dejar la inicialización de tales servicios en automático.

En el login utilice los mismos datos del login del Windows.

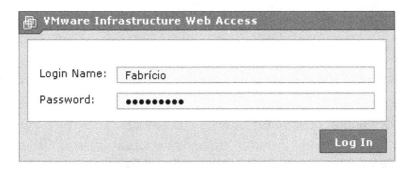

Paso 1 - Nombre y localización de la VM

En el menú la derecha (Commands) haga clic en "Create Virtual Machine", se mostrará la pantalla de abajo, en la cual se realizará la elección del nombre y del datastore de la VM, que no es más que la localización donde quedarán los archivos de su VM. Escoja el datastore "standard", que fue creado ya en la instalación de la VMS y haga clic en "Next".

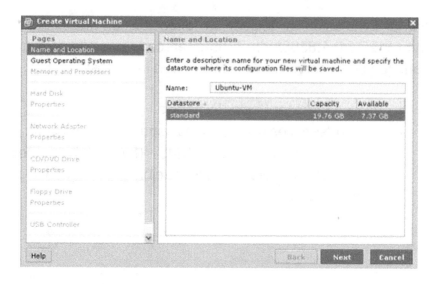

NOTA: Si desea renombrar un datastore o crear uno nuevo, basta con seleccionar el datastore en el menú Datastores y después en el menú Commands tendrá las opciones de configuración del datastore.

Paso 2 - Sistema operativo

El próximo paso es la especificación de cuál será el sistema operativo que se instalará en la VM, en nuestro caso escoja la opción "Linux operating system" y en el combo box de la "Version" seleccione Ubuntu Linux (32-bit), que será el sistema operativo que instalaremos.

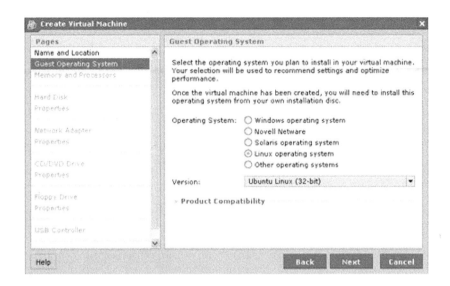

Paso 3 - Memoria y Procesador

Después de hacer clic en "Next", se mostrará la pantalla abajo, donde se realiza la configuración de la cantidad de memoria y de procesadores que utilizará la VM. Configure de acuerdo con la capacidad de su máquina, busque siempre configurar de acuerdo a sus necesidades, recuerde que en este caso estamos dividiendo la RAM entre la VM y el Host.

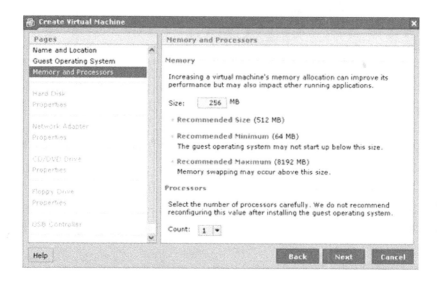

Paso 4 - Capacidad de Almacenamiento

Ahora vamos a configurar el HD que tendrá nuestra VM. Podemos crear un disco virtual, usar un disco virtual ya existente o no añadir ningún disco virtual. Vamos a escoger la opción "Create a New Virtual Disk", para crear un disco virtual, después haga clic en el botón "Next".

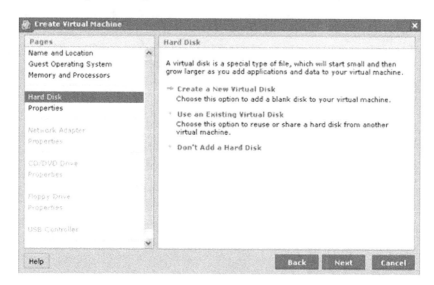

En la configuración del disco virtual definimos la capacidad de este y su directorio. También tenemos otras opciones que no modificaremos:

- File Options - especifica cómo será la localización del disco, donde podemos alojar el espacio todo de un golpe o dividirlo en archivos de 2GB;
- Disk Mode - si los cambios serán guardados permanentemente, como en un disco rígido normal, en ese caso se marcaría la opción "Persistent" o si este modifica de acuerdo con las Snapshots descartando los cambios en cada reinicio o desconexión, en ese caso se marcaría la opción "Nonpersistent";
- Virtual Device Node - cuál es el tipo del disco (IDE/SCSI) y qué dispositivo;
- Vigiles - ofrece la opción de optimizar el disco en búsqueda de seguridad o rendimiento.

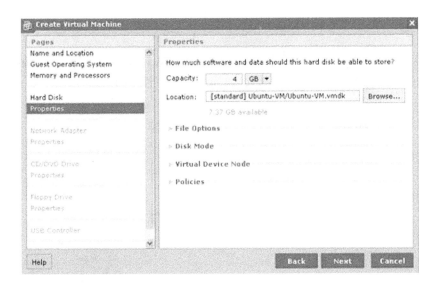

Paso 4 - Adaptador de Red

Uno de los pasos más importantes es la configuración de la red virtual. Aquí seleccionamos "Add a Network Adapter" para que nuestra VM pueda conectarse a la red.

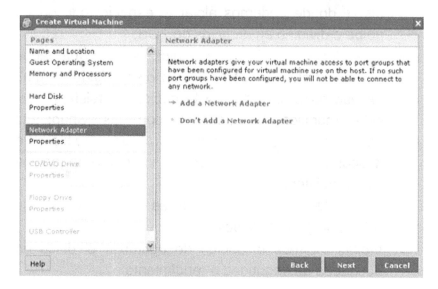

El VMS ofrece tres maneras de conexión con a la red:

- Bridged: conecta la VM a la red usando la red del Host. Esta es la opción más fácil si el ordenador Host está en una red. La VM recibirá una IP propia y será visible para todos los ordenadores de la red.

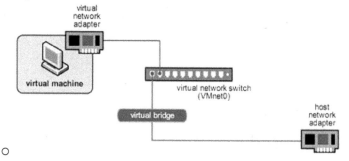

- HostOnly: crea una conexión directa con el Host, como tuviera un cable cross-over conectando la VM con el Host. Es una buena opción si está interesado en aislar la red virtual.

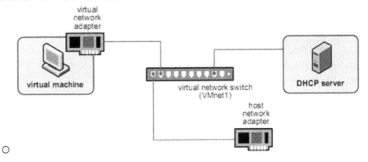

  o

- NAT: conecta la VM a la red usando la IP del Host. Es un modo fácil para acceder a internet, sin embargo no da acceso a la red externa. No es una opción para un servidor, ya que los ordenadores de la red no tienen acceso a la VM.

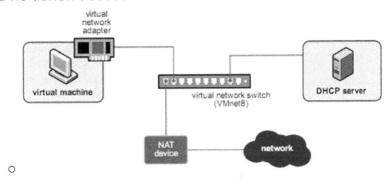

  o

Para nuestra VM escogemos el modo de conexión Bridged y marcamos el check box para que esta se conecte a la red al conectar.

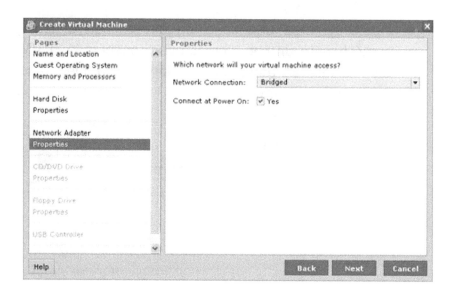

Paso 5 - Drive de CD/DVD

Escogemos la opción "Use la Physical Drive", para que poder utilizar el drive de CD/DVD del Host y hacemos clic en "Next". La opción "Use a ISO Image" es interesante, si quería instalar el Sistema operativo a través de una ISO.

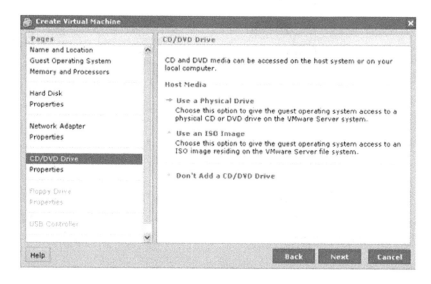

Aquí escogemos la unidad que está en el drive de

CD/DVD y marcamos el check box para que este pueda estar accesible al conectar la VM. Aquí también podemos configurar el tipo de adaptador y el dispositivo.

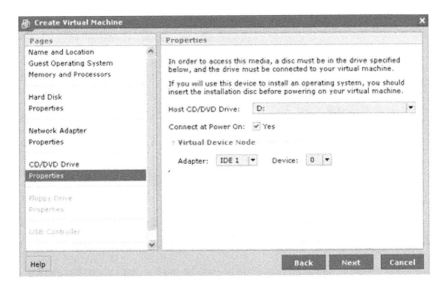

Paso 6 - Drive de Disquete

Si usted tiene un drive de disquete, marque la opción "Use la Physicak Drive", de lo contrario marque la opción "Don"t Add la Floppy Drive" y haga clic en "Next".

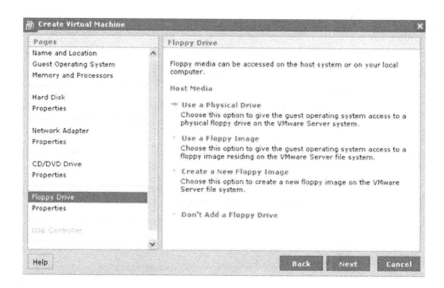

Aquí seleccionamos la unidad en la que está el drive de disquete y marcamos la opción de activarlo al conectar.

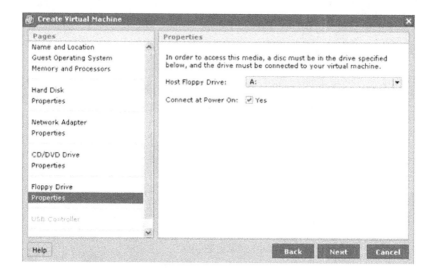

Paso 7 - Controlador USB

Seleccionamos la opción "Add a USB Controller", para que nuestra VM tenga acceso a dispositivos USB y hacemos clic en "Next".

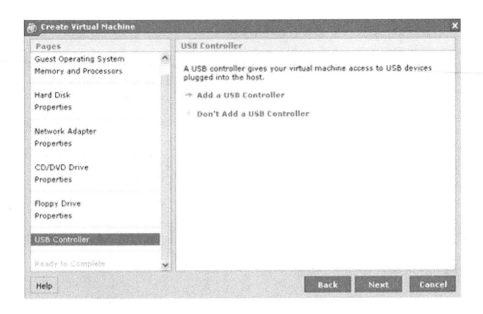

Ahora nuestra VM ya está configurada, verificamos las configuraciones y clicamos en "Finish".

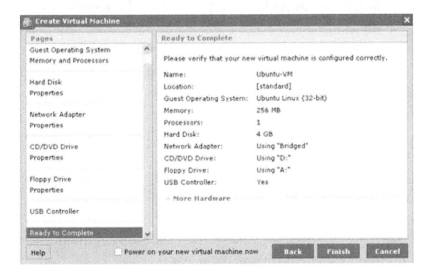

Ahora ya tenemos una máquina virtual, sin embargo esta está sin sistema operativo. A continuación vamos a instalarle el sistema operativo Ubuntu.

INSTALACIÓN DE UBUNTU

Llegamos la tercera y última parte de este capítulo, aquí instalaremos el Ubuntu 8.04 Hardy Heron, pero antes de eso vamos a entender mejor la interface web del VMS, llamada de VI Web Access.

Anteriormente hemos visto las funcionalidades que se pueden utilizar en el VI Web Access.

Ahora vamos a conocer un poco mejor algunas de esas funcionalidades:

- Inventory: presenta la máquina Host y las VMs que pueden ser accedidas;
- Virtual Machine Workspace: cuando una VM es seleccionada en el panel Inventory, el workspace de la VM presenta informaciones de ella, siendo dividido en pestañas:
  - Summary: muestra informaciones de configuración, desempeño y status. Aquí también puede modificar las configuraciones de la VM;
  - Console: Permite que controle directamente la VM;
  - Tasks: muestra las tareas que los usuarios ejecutaron en la VM;
  - Events: muestra los eventos ocurridos en la VM;
  - Permissions: presenta y permite la configuración de los permisos de la VM.

En la parte inferior de la página se muestra un histórico de las últimas tareas realizadas.

En la parte superior de la página están localizados los botones para parar, pausar, iniciar y restaurar la VM.

Plugin VMware Remote Console

Al hacer clic en la pestaña console veremos la siguiente pantalla:

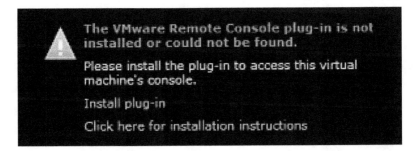

Para instalar el plugin, basta hacer clic en "Install plug-in", y la instalación se realizará de una manera muy rápida. E inmediatamente después de la instalación la console ya podrá usar, al hacer clic sobre este el VMware Remote Console se abrirá.

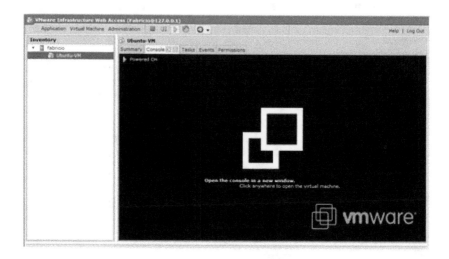

NOTA: El Firefox 3, hasta la fecha de este capítulo, no tiene soporte sobre ese plugin.

Conociendo el VMware Remote Console (VMRC)

A través del VMRC podemos acceder directamente a nuestra máquina virtual.

En este tenemos las opciones de reiniciar, suspender, y desconectar la VM y también podemos habilitar/deshabilitar los dispositivos. Una vez en el VMRC todas las entradas se realizarán en la VM, para volver al Host apretamos las teclas Ctrl + Alt.

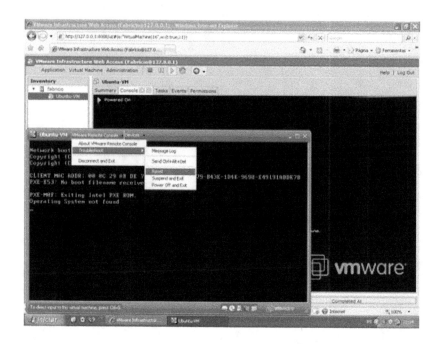

¿Por qué el Ubuntu?

Actualmente, Ubuntu es una de las distribuciones Linux que más viene creciendo en número de usuarios en los últimos años, debido a cuatro factores básicos:

- Facilidad de instalación: A través del LiveCD de Ubuntu, puede instalar fácilmente el Ubuntu en cualquier ordenador y la versión 8.04 nos trae una nueva funcionalidad, la instalación del Ubuntu dentro del propio Windows, sin la pérdida de cualquier archivo y sin necesidad de cambiar ninguna configuración, a no ser el boot.
- Reconocimiento de hardware y periféricos: casi siempre al ser instalado, el Ubuntu reconoce todo el hardware de su máquina, instala los drivers correctamente y lo deja todo funcionando para usted.

- Facilidad de instalación de softwares: el Ubuntu es una distro derivada del Debian y por eso contiene el apt-get, que es el gestor de paquetes. Con este la instalación y actualización de programas es muy simple en comparación a otras distribuciones que no hacen uso del apt-get.
- Usabilidad: el Ubuntu tiene una interface gráfica limpia y agradable, en la cual es posible realizar la mayoría de las configuraciones.

Ubuntu se puede obtener gratuitamente de tres maneras:

- Por download: es la manera más simple, rápida y fácil de obtener. Se puede realizar en las siguientes webs:
  o http://www.ubuntu-br.org/download
  o http://www.ubuntu.con/getubuntu/download
- CDs grabados: En el link se abajo se meustra una lista conteniendo el contacto de usuarios que están distribuyendo voluntariamente CDs del Ubuntu en toda España.
  o http://wiki.ubuntu-es.org/CDsEnEspañal
- CDs grabados (ShipIt): La Canonical, empresa que patrocina el desarrollo de Ubuntu, tiene un servicio de distribución de CDs. Para recibir el CD basta rellenar un formulario de registro en la web:
  o https://shipit.ubuntu.com/

Ahora que ya tenemos el material, vamos con la instalación

La instalación del Ubuntu es una tarea tan simple (Siguiente-Siguiente) que ni necesita de un tutorial, pero como la información nunca está demás, vamos a mostrar paso a paso la instalación del pingüino:

Después de conectar con la VM, hacemos clic en el botón play, la pantalla de abajo se mostrará, donde seleccionamos la opción "Instalar Ubuntu".

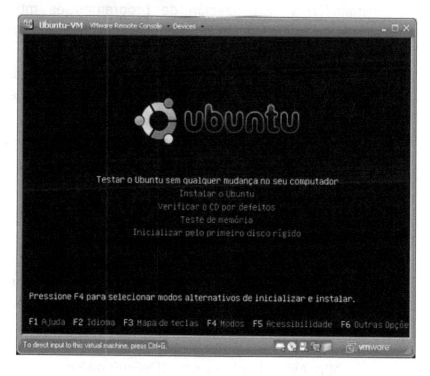

El primer paso es la elección del idioma que será usado durante la instalación, escogido el idioma hacemos clic en Avanzar.

Escoja el huso horario de su ciudad. Recuerde que la hora puede ser ajustada tras la instalación.

Tercer paso, la elección del modelo de su teclado, si tiene alguna duda haga la prueba en el campo editable.

Llegamos a un momento de tensión, el particionamiento del disco, pero no tenga miedo, su HD no será particionado, recuerde que vamos a utilizar el disco virtual, creado en el momento de la creación de nuestra VM, por lo tanto sólo tienen que seleccionarlo y hacer clic en Avanzar.

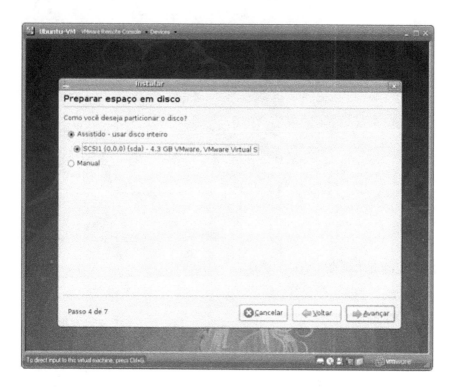

Ahora es la hora de definir el nombre del usuario y su contraseña, recuerde que con ese usuario y contraseña es con el que usted hará login en el Ubuntu. Ese usuario es sólo un usuario avanzado y no el usuario root. El Ubuntu, por cuestión de seguridad, viene con el usuario root deshabilitado, para habilitarlo basta con teclear el siguiente comando en la terminal:

$ sudo passwd root

password: (teclee la contraseña creada de la instalación)

New Password Unix: (teclee la contraseña que será del root)

Repeat Password Unix: (repita la contraseña que será del root)

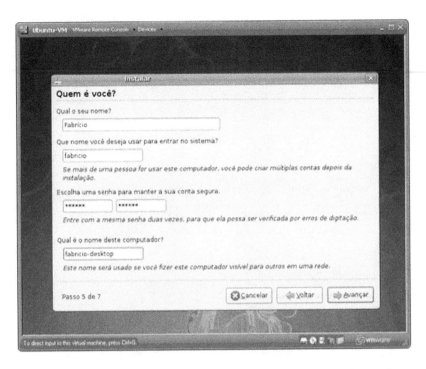

A continuación, se muestran las configuraciones de su nuevo sistema operativo. Haga clic en Instalar para iniciar la instalación del Ubuntu.

El proceso de instalación tarda en torno a 30 minutos, en ese tiempo puede hacer otra cosa tranquila, ya a diferencia del Windows el Ubuntu no hace ninguna pregunta durante la instalación.

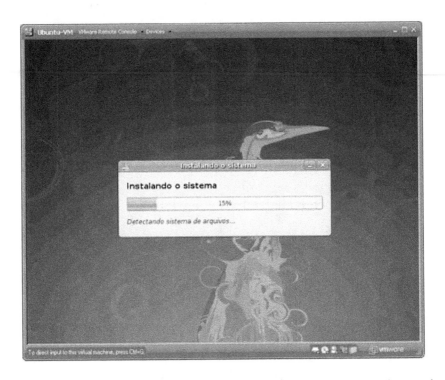

Terminada la instalación, necesitamos reiniciar el ordenador para comenzar a usar el Ubuntu.

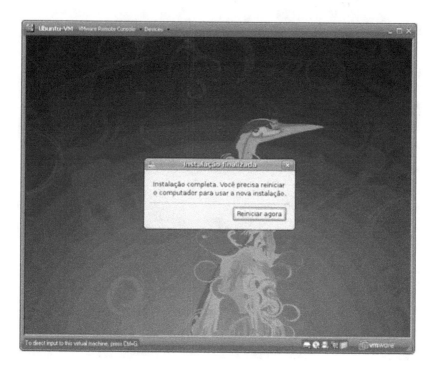

Después de haber reiniciado el sistema, ya podemos divertirnos en nuestro nuevo sistema.

Recuerde que ahora puede acceder a la VM de cualquier otro ordenador de la red, basta con teclear la IP del Host y el puerto del VMS, en nuestro caso el puerto es el 8308.

CONCLUSIONES FINALES

La virtualización es un concepto importantísimo en el mundo de hoy. Los desarrolladores de software no necesitan ser especialistas en virtualización, pero deben tener buenos conceptos sobre cómo funciona y deben saber usar todos los beneficios a su favor.

Crear máquinas virtuales no es difícil, basta con tener una

base sobre el asunto y saber usar las herramientas ya existentes, que cada vez son más intuitivas y poderosas.

Los beneficios de la creación de máquinas virtuales son incontables, comenzando por poder usufructuar una gran variedad de entornos dentro de un único ordenador.

REFERENCIAS
BIBLIOGRÁFICAS

Para la realización de este libro se han consultado las siguientes fuentes de información:

"Business value of virtualization: realizing the benefits of integrated soluctions"

"Cost and Scalability in vertical and horizontal architectuters, de Sun Microsystems.

"An Introduction to the vitualization", de Scott Delap

"Gartner identifies six best practices companies should consider before they virtualize their servers" de Gartner.

"Problems with vitualization", de M. Gibbs

"Green IT: Corporate Strategies". Expuesto en la Business Week

"HP insight capacity advisor, a look under the Hood", de HP.

"Green IT for dummies", de Willey Hoboken

"Gerenciamento ecoloxico: guía do Instituo Elmwood de Auditoría ecoloxica e negocios sustentables" de Sao Paulo, Cultrix e Amaná.

"Symantec Study Reveals Green IT Now Essential IT Practice", de Symantec.

"Green Computing and Green IT Best Practices on Regulations and Industry Iniciatives, Virtualization, Power Management, Materials Recycling and Telecommuting", de Raleigh

"Identifying Server Candidates for Virtualization", de Microsoft.

"The greening of IT: how companies can make the difference for the environment.", de J.P. Lamb.

KURP, Patrick. Green Computing: Are you ready sea la personal energy meter" Communications of the ACM. Vol. 51 En el. 10. 2008.

"Tecnoloxia da informaçao verde", Fatec, Sao Paulo.

EDITORIAL

IT Campus Academy es una gran comunidad de profesionales con amplia experiencia en el sector informático, en sus diversos niveles como programación, redes, consultoría, ingeniería informática, consultoría empresarial, marketing online, redes sociales y más temáticas envueltas en las nuevas tecnologías.

En **IT Campus Academy** los diversos profesionales de esta comunidad publicitan los libros que publican en las diversas áreas sobre la tecnología informática.

IT Campus Academy se enorgullece en poder dar a conocer a todos los lectores y estudiantes de informática a nuestros prestigiosos profesionales, que mediante sus obras literarias, podrán ayudar a nuestros lectores a mejorar profesionalmente en sus respectivas áreas del ámbito informático.

El Objetivo Principal de **IT Campus Academy** es promover el conocimiento entre los profesionales de las nuevas tecnologías al precio más reducido del mercado.

ACERCA DEL AUTOR

Miguel Darío es un consultor de informática con más de 10 años de experiencia que se ha especializado en la virtualización de servidores en grandes empresas y multinacionales.

Esperamos que este libro le haya ayudado a comprender mejor la tecnología de la virtualización de servidores, sus distintos usos y sobre todo como la virtualización puede ayudar tanto a mejorar el medio ambiente como el ahorro económico en la empresa.

www.ingramcontent.com/pod-product-compliance
Lightning Source LLC
Chambersburg PA
CBHW070835070326
40690CB00009B/1557